Caro aluno, seja bem-vindo à sua plataforma do conhecimento!

A partir de agora, está à sua disposição uma plataforma que reúne, em um só lugar, recursos educacionais digitais que complementam os livros impressos e foram desenvolvidos especialmente para auxiliar você em seus estudos. Veja como é fácil e rápido acessar os recursos deste projeto.

1 Faça a ativação dos códigos dos seus livros.

Se você NÃO tem cadastro na plataforma:
- acesse o endereço <login.smaprendizagem.com>;
- na parte inferior da tela, clique em "Registre-se" e depois no botão "Alunos";
- escolha o país;
- preencha o formulário com os dados do tutor, do aluno e de acesso.

O seu tutor receberá um *e-mail* para validação da conta. Atenção: sem essa validação, não é possível acessar a plataforma.

Se você JÁ tem cadastro na plataforma:
- em seu computador, acesse a plataforma pelo endereço <login.smaprendizagem.com>;
- em seguida, você visualizará os livros que já estão ativados em seu perfil. Clique no botão "Códigos ou licenças", insira o código abaixo e clique no botão "Validar".

Este é o seu código de ativação! → DKWMB-P7S...

2 Acesse os recursos

usando um computador.

No seu navegador de internet, digite o endereço <login.smaprendizagem.com> e acesse sua conta. Você visualizará todos os livros que tem cadastrados. Para escolher um livro, basta clicar na sua capa.

usando um dispositivo móvel.

Instale o aplicativo **SM Aprendizagem**, que está disponível gratuitamente na loja de aplicativos do dispositivo. Utilize o mesmo *login* e a mesma senha que você cadastrou na plataforma.

Importante! Não se esqueça de sempre cadastrar seus livros da SM em seu perfil. Assim, você garante a visualização dos seus conteúdos, seja no computador, seja no dispositivo móvel. Em caso de dúvida, entre em contato com nosso canal de atendimento pelo **telefone 0800 72 54876** ou pelo *e-mail* **atendimento@grupo-sm.com**.

OS29819L01_n1.614_Construir Juntos - Religião 1º Ano - Ensino Médio - Livro Digital do Aluno. 1ª Edição 2023

CONSTRUIR JUNTOS 1

ENSINO RELIGIOSO
Humberto Herrera

Humberto Herrera

Licenciado em Filosofia e Pedagogia pela Faculdade Padre João Bagozzi.
Especialista em Ensino Religioso, Gestão de Processos Pastorais, Gestão e Docência.
Mestre em Educação pela Universidade Tuiuti do Paraná.
Professor e coordenador na Faculdade Padre João Bagozzi.
Assessor de Grupo de Trabalho Pastoral da Associação Nacional de Educação Católica do Brasil.
Membro da Sociedade Brasileira de Cientistas Católicos.

São Paulo, 1ª edição, 2021

Construir Juntos 1
© SM Educação
Todos os direitos reservados

Direção editorial Cláudia Carvalho Neves
Gerência editorial Lia Monguilhott Bezerra
Gerência de *design* e produção André Monteiro
Edição executiva Gisele Manoel
Edição: Logopoiese
Colaboração técnico-pedagógica: Vanessa Araújo Correia
Suporte editorial: Fernanda Fortunato
Preparação e revisão Nanci Ricci
Coordenação de *design* Gilciane Munhoz
Design: Thatiana Kalaes, Lissa Sakajiri
Coordenação de arte Melissa Steiner Rocha Antunes
Edição de arte: Angelice Taioque Moreira, Priscila Fosco Darakdjian
Coordenação de iconografia Josiane Laurentino
Pesquisa iconográfica: Adriana Neves
Tratamento de imagem: Marcelo Casaro
Capa Catarina Bessel
Ilustração da capa: Catarina Bessel
Projeto gráfico Thatiana Kalaes
Editoração eletrônica Texto e Forma Conteúdo Educacional
Pré-impressão Américo Jesus
Fabricação Alexander Maeda
Impressão PifferPrint

Em respeito ao meio ambiente, as folhas deste livro foram produzidas com fibras obtidas de árvores de florestas plantadas, com origem certificada.

Dados Internacionais de Catalogação na Publicação (CIP)
(Câmara Brasileira do Livro, SP, Brasil)

Herrera, Humberto
  Construir juntos, 1 / Humberto Herrera. –
1. ed. – São Paulo: Edições SM, 2021. –
(Construir Juntos)

  ISBN 978-65-5744-549-5 (aluno)
  ISBN 978-65-5744-550-1 (professor)

  1. Ensino religioso (Ensino médio)
  I. Título. II. Série.

21-88225 CDD-372.84

Índices para catálogo sistemático:

1. Educação religiosa: Ensino médio 372.84
2. Ensino religioso nas escolas 377.1

Cibele Maria Dias — Bibliotecária — CRB-8/9427

1ª edição, 2021
5ª impressão, dezembro 2024

SM Educação
Avenida Paulista, 1842 – 18º andar, cj. 185, 186 e 187 – Condomínio Cetenco Plaza
Bela Vista 01310-945 São Paulo SP Brasil
Tel. 11 2111-7400
atendimento@grupo-sm.com
www.grupo-sm.com/br

Apresentação

Caro estudante, cara estudante,

A coleção Construir Juntos é uma iniciativa cujo objetivo principal é contribuir com sua experiência formativa no Ensino Médio. Ela foi preparada para aproximar você, ainda mais, dos saberes religiosos, de modo a apoiá-lo ou apoiá-la na construção de sentidos e no projeto para sua vida e para a de seus e de suas colegas.

Sabemos que você já percorreu um caminho longo pelo conhecimento religioso, descobrindo uma diversidade de saberes e de manifestações religiosas, presentes no Brasil e no mundo. Certamente esse caminho deixou marcas da importância de cultivar o respeito e o diálogo como promotores da cultura de paz.

Motivados por essas marcas, fazemos um convite a você: vamos continuar caminhando e construindo juntos nossa casa interior e nossa Casa comum, com cuidado, com empatia e esperança. Você e seus e suas colegas podem ser construtores do bem comum, com testemunhos de fraternidade e de solidariedade.

Na 1ª série do Ensino Médio, você é convidado a valorizar os saberes religiosos, que entrecruzam diálogos entre a ciência, a ética e a fé, na busca de sentido para a vida. Essa experiência vai apoiá-lo ou apoiá-la no caminho de reconhecimento e de abertura ao outro, como fonte de humanização.

Desejamos que os percursos que preparamos para você ser protagonista possam fortalecer seu pensar, seu sentir e seu agir. Que os saberes que construirá na companhia de seus e de suas colegas e do professor ou da professora possam ser como fios para tecer uma sociedade mais justa e feliz para todos.

Confiamos em você!
O autor

Conheça seu livro: o percurso de cada unidade

Abertura de unidade

A primeira página de cada unidade traz uma imagem e algumas questões que suscitam a reflexão inicial acerca do tema proposto.

Para início de conversa

Esta seção é composta de textos, de uma tirinha e de atividades que aprofundam o contato com o tema tratado na unidade.

Curiosidade filosófica

Boxe que traz reflexões de pensadores(as) de diversas áreas, relacionando-as aos assuntos centrais da unidade.

Primeiros passos

Seção que contextualiza a temática da unidade e oferece ideias chaves para o aprofundamento a ser realizado na próxima seção. Também apresenta textos, imagens e atividades referentes ao tema principal.

A personagem no início de cada seção é a Vida. Todos nós somos ela.

Atividades

As atividades propostas promovem reflexão, pesquisa e práticas que possibilitam expandir seu conhecimento sobre o tema.

Fique sabendo

Boxe que traz curiosidades sobre assuntos relacionados ao tema e oferece sugestões de livros, de *sites*, de músicas e de vídeos por meio dos quais você pode ampliar seus conhecimentos.

Glossário

Boxe que apresenta definições de expressões e de palavras.

No caminho do tema

Nesta seção dá-se um passo de aprofundamento do tema, numa perspectiva que integra saberes religiosos e a vida prática em sociedade.

As atividades aqui sugeridas buscam valorizar esses saberes e conectá-los com a vida cotidiana.

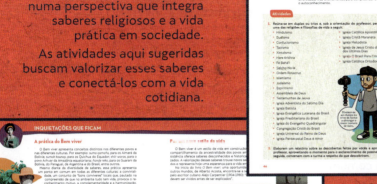

Inquietações que ficam

Esta seção estimula a realização de uma síntese do que foi discutido nas seções anteriores, abordando temas e atividades propositivas que mobilizem práticas reflexivas e de participação social.

E não termina por aqui...

Na travessia do projeto de vida

Esta seção sugere uma revisão do percurso da unidade, com destaque no projeto de vida. Com base na proposta temática, são sugeridas atividades que o(a) inspiram a refletir mais sobre sua vida, suas relações, seu desenvolvimento pessoal, seus sonhos, suas habilidades e possibilidades e o mundo em que vive.

A cada duas unidades...

Oficina de projeto de vida

Seção que promove a compreensão de que os sonhos se transformam à medida que são vivenciadas novas e distintas dimensões da própria vida. Pretende auxiliar no processo de compreensão de si e dos outros por meio da prática de ações e comportamentos conscientes e responsáveis. Na 1ª série do Ensino Médio, o tema central é o autoconhecimento.

5

Sumário

Unidade 1: Religiões e vida | 8

▮ **Para início de conversa**
O sagrado no cotidiano | 9
  Curiosidade filosófica
    A biodiversidade como um bem comum | 9

▮ **Primeiros passos**
Os saberes religiosos como bens culturais | 10

▮ **No caminho do tema**
O conhecimento religioso | 12

▮ **Inquietações que ficam**
O sentido ético dos saberes religiosos | 14

▮ **Na travessia do projeto de vida**
O projeto de vida como travessia | 16

Unidade 2: A busca do Bem viver | 18

▮ **Para início de conversa**
A prática do Bem viver | 19
  Curiosidade filosófica
    O Bem viver | 19

▮ **Primeiros passos**
A Mãe Terra e o sentido comunitário de viver | 20

▮ **No caminho do tema**
Amazônia: o jeito de ser em nossa casa | 22
Uma espiritualidade ecológica que nos ensina | 23

▮ **Inquietações que ficam**
A prática do Bem viver | 24
Por um novo estilo de vida | 25

▮ **Na travessia do projeto de vida**
Vivemos juntos no mundo | 26

Oficina de projeto de vida:
O autoconhecimento e a relação consigo | 28

Unidade 3: Memórias e saberes | 32

▮ **Para início de conversa**
A memória nas religiões afro-brasileiras | 33
  Curiosidade filosófica
    O brasileiro conhece o Brasil? | 33

▮ **Primeiros passos**
A relação com o orixá: um guia | 34
A hospitalidade umbandista | 35

▮ **No caminho do tema**
A memória e os saberes comunitários africanos | 36

▮ **Inquietações que ficam**
O sincretismo afro-brasileiro | 38

▮ **Na travessia do projeto de vida**
Conhecer nossa história, origens e tradições | 40

Unidade 4: Entre Ocidente e Oriente | 42

▮ **Para início de conversa**
Religiões orientais e religiões ocidentais? | 43
  Curiosidade filosófica
    O Sol nasce, o Sol se põe | 43

▮ **Primeiros passos**
O pensamento religioso oriental e o pensamento religioso ocidental | 44

▮ **No caminho do tema**
Conhecendo algumas religiões e filosofias de vida | 46

▮ **Inquietações que ficam**
Onde está a sabedoria? Qual é o caminho da virtude? | 48

▮ **Na travessia do projeto de vida**
Cultivar virtudes e valores em nossa vida | 50

Oficina de projeto de vida:
A alteridade e as relações interpessoais | 52

Unidade 5: Cristianismos? | 56

▮ **Para início de conversa**
A presença do cristianismo | 57
- Curiosidade filosófica
  Quem foi Jesus? | 57

▮ **Primeiros passos**
Quem foi o jovem Jesus? | 58
O Reino de Deus é Deus mesmo | 59

▮ **No caminho do tema**
O cristianismo na América | 60
O catolicismo no Brasil | 61

▮ **Inquietações que ficam**
Uma, muitas e diferentes | 62

▮ **Na travessia do projeto de vida**
Pessoas que admiramos e que nos inspiram | 64

Unidade 6: Conhecimentos | 66

▮ **Para início de conversa**
O ato de conhecer | 67
- Curiosidade filosófica
  Buscar os segredos | 67

▮ **Primeiros passos**
Conhecer ou não conhecer, essa é a questão | 68
Os saberes estão interligados | 68

▮ **No caminho do tema**
Nossa identidade em movimento | 70

▮ **Inquietações que ficam**
Nossas escolas | 72

▮ **Na travessia do projeto de vida**
Autoconsciência e inteligência emocional | 74

Oficina de projeto de vida:
A conscientização e a relação com a sociedade | 76

Unidade 7: Construir o bem | 80

▮ **Para início de conversa**
O bem e o mal | 81
- Curiosidade filosófica
  A banalidade do mal | 81

▮ **Primeiros passos**
O mal está no caminho do bem? | 82
O bom como valor | 83

▮ **No caminho do tema**
Construir o bem comum | 84

▮ **Inquietações que ficam**
Café filosófico: construir o bem | 86

▮ **Na travessia do projeto de vida**
Nossa realização no horizonte do bem comum | 88

Unidade 8: Conectados | 90

▮ **Para início de conversa**
As nossas relações | 91
- Curiosidade filosófica
  Nossa liberdade | 91

▮ **Primeiros passos**
Decidimos nossas conexões? | 92

▮ **No caminho do tema**
Como é nosso mundo? | 94
Ser leve e líquido: **fluidez** e **liquidez** como metáforas | 95

▮ **Inquietações que ficam**
O mundo que habitamos e construímos | 96
Recordar o caminho | 97

▮ **Na travessia do projeto de vida**
Nossas relações no ciberespaço | 98

Oficina de projeto de vida:
Os valores e a minha relação com o transcendente | 100

Bibliografia | 104

Ilustrações: Catarina Bessell/ID/BR

Unidade

1 Religiões e vida

Em muitas culturas orientais, tirar o calçado na entrada de casa ou do templo simboliza um hábito de pureza espiritual.

- Você já deve ter lido ou ouvido expressões com o adjetivo **sagrado**. Em sua opinião, por que expressões relacionadas a manifestações culturais trazem esse adjetivo?
- O que explica a presença do sagrado no dia a dia de nossa vida?

PARA INÍCIO DE CONVERSA

Quando nos deparamos com práticas ou objetos sagrados, parece que somos convidados a tomar uma atitude respeitosa, de cuidado, que não se reduz unicamente ao que consideramos sagrado, mas, também, ao que é sagrado para outras pessoas.

Assim, ao reconhecer o sagrado em algo, nossa maneira de pensar, de sentir e de agir é influenciada por uma relação em sociedade, já que o que chamamos de sagrado possui significado e valor dentro da comunidade em que vivemos. Quando, por exemplo, alguém diz "meu corpo é sagrado", podemos fazer a seguinte reflexão: cuidar de nosso corpo e considerá-lo sagrado significa ingerir apenas alimentos saudáveis e não os que são produzidos com substâncias nocivas, tanto para os seres vivos, como para o ambiente em geral.

Atividades

1. Leia a tira e, com seus colegas, reflita sobre a expressão "meu corpo é sagrado".

2. Pesquise sobre o uso de agrotóxicos na produção de alimentos no Brasil e sobre as consequências disso para a saúde das pessoas.

Curiosidade filosófica

A pensadora e ativista indiana **Vandana Shiva** destaca-se por ser defensora da biodiversidade e de práticas alternativas na agricultura. Ela considera que as sementes são símbolo de liberdade e incorporam a diversidade cultural.

A biodiversidade como um bem comum

No nível social, os valores de biodiversidade em diferentes contextos sociais precisam ser reconhecidos. Bosques sagrados, sementes sagradas e espécies sagradas têm sido os meios culturais de se tratar a biodiversidade como inviolável – e nos dão o melhor exemplo de conservação. [...] A biodiversidade não simboliza apenas a riqueza da natureza; ela incorpora diferentes tradições culturais e intelectuais.

Vandana, S. *Biopirataria*: a pilhagem da natureza e do conhecimento. Tradução: Laura Cardellini Barbosa de Oliveira. Petrópolis: Vozes, 2001. p. 104-147.

- Pesquisem sobre as iniciativas de Vandana Shiva para salvaguardar a biodiversidade e sobre a crítica que ela faz à biopirataria, prática que desrespeita os direitos comunitários à biodiversidade.

PRIMEIROS PASSOS

Os saberes religiosos como bens culturais

Há diferentes sociedades e, por conseguinte, diferentes culturas. Isso porque somos criadores de cultura e precisamos dela para nosso desenvolvimento. A cultura, além do mais, contribui para a formação de nossa identidade, aprendemos com ela e a transmitimos como um bem que faz parte de nossa história, de nossa sociedade.

Mas o que é cultura? Em sua raiz latina, a palavra **cultura** significa "cultivar". Pensadores romanos nos primeiros séculos antes de Cristo relacionaram esse termo ao cultivo da terra e, também, do espírito. Sobre o cultivo do espírito, destaca-se Cícero, que afirmou, nas *Discussões tusculanas* (II, 13): "o cultivo do espírito é a filosofia, que arranca os vícios pela raiz e prepara os espíritos para receber as sementes, nelas confia e, por assim dizer, as embrulha, para que, vigorosas, produzam frutos muito abundantes".

Vale ressaltar que devemos evitar, no entanto, a compreensão restrita de considerar que existem pessoas ou povos cultos ou incultos, como se a cultura fosse um saber unicamente de características intelectuais. Ao contrário, é preciso ampliar essa compreensão de cultura, entendendo-a como as maneiras e os saberes que as pessoas têm produzido para conviver, para proteger-se, para celebrar, para interpretar suas relações e para dar sentido à vida. Desse modo, podemos perceber que existem culturas diferentes (nem mais nem menos evoluídas), substituindo, assim, uma visão etnocêntrica por uma visão intercultural.

Entre as maneiras e os saberes cultivados pelas sociedades estão as manifestações do sagrado, que, de forma geral, também poderiam ser chamadas de fenômenos religiosos. Eles representam um conjunto de bens simbólicos (crenças, textos, ritos, doutrinas, práticas, entre outros) que perpassa diferentes culturas e refere-se a experiências religiosas, sejam elas mais ou menos estruturadas, sejam elas antigas ou recentes. Esse conjunto de bens simbólicos, que podemos chamar de **conhecimento religioso**, registra diversas experiências humanas que buscam compreender os mistérios e os sentidos da vida e da morte. As pessoas, independentemente da cultura, indagam-se sobre questões existenciais como: De onde venho? Quem sou? Para onde vou? Por que vivo? Diante dessas perguntas, vai-se tecendo um universo simbólico de crenças, de comportamentos e de atitudes que ajudam as pessoas a dar sentido à vida delas.

O filósofo e historiador romeno Mircea Eliade, ao indagar sobre o simbolismo religioso, refere-se ao ser humano como *homo symbolicus*.

Mircea Eliade (1907-1986) foi um dos maiores estudiosos de religião de todos os tempos.

10

> Sendo o homem um *homo symbolicus* e estando o simbolismo implícito em todas as suas atividades, todos os fatos religiosos têm, necessariamente, um caráter simbólico. Nada é mais certo se pensarmos que qualquer ato religioso e qualquer objeto cultual visam a uma realidade metaempírica. A árvore que se torna objeto de culto não é venerada enquanto árvore, mas enquanto hierofania, enquanto manifestação do sagrado. E qualquer ato religioso, pelo simples fato de ser religioso, está carregado de uma significação que, em última instância, é "simbólica", já que se refere a valores ou figuras sobrenaturais.
>
> ELIADE, M. *Mefistófeles e o andrógino*: comportamentos religiosos e valores espirituais não-europeus. Tradução: Ivone Castilho Benedetti. 2. ed. São Paulo: Martins Fontes, 1999. p. 115.

Nesse trecho, percebemos que o sagrado é característica marcante da experiência humana na história das religiões. Para o autor, as hierofanias, sejam elementares (como uma pedra ou uma árvore), sejam supremas (como a encarnação de Deus em Jesus Cristo), sempre nos colocam diante de um ato misterioso, de uma realidade diferente de nosso mundo natural, profano. O profano é o oposto do sagrado.

> O profano é o comum, o corriqueiro, o que carece de significado especial.
>
> JORGE, J. S. *Cultura religiosa*: o homem e o fenômeno religioso. 2. ed. São Paulo: Loyola, 1998. p. 32.

O filósofo e teólogo alemão Rudolf Otto (1869-1937), em sua famosa obra *O sagrado*: os aspectos irracionais na noção do divino e sua relação com o racional (Petrópolis: Vozes, 2007), destaca que a religião, além de ser a manifestação do sagrado, também é histórica. Para ele, são as experiências e as vivências diante do sagrado que constituem o fundamento da religião. Posturas, gestos, orações, canções, símbolos, construções, etc. expressam vários modos de manifestação do sagrado. Um exemplo dado por ele é a catedral de Ulm, na Alemanha, conhecida por alguns como o "dedo de Deus".

Com 162 metros de altura, a torre da catedral de Ulm, na Alemanha, começou a ser construída por volta de 1377.

Atividade

- Após as reflexões propostas anteriormente, foi possível perceber que existe uma cultura religiosa que registra as experiências e as vivências humanas relativas ao sagrado, ao religioso. Construções simbólicas, como a catedral de Ulm, registram um conhecimento religioso que, na riqueza de sua diversidade, continua, há séculos, dando sentido à vida de muitas pessoas. Considerando que vivemos juntos nesta grande casa planetária, somos provocados a reconhecer esse conhecimento religioso e a respeitá-lo. O que você considera como sendo sagrado e que dá sentido a sua existência?

NO CAMINHO DO TEMA

O conhecimento religioso

Na breve abordagem que fizemos até aqui, identifica-se que há um esforço humano para compreender os fenômenos religiosos, na tentativa de explicar as formas de expressão de Deus, quer seja na história e no cotidiano das pessoas, quer seja no mundo como um todo. Nesta primeira unidade, introduzimos vários conceitos que estão inter-relacionados.

Atividades

1. Em grupo, lembrem-se dos conhecimentos religiosos que vocês aprenderam no Ensino Fundamental e façam uma lista deles.
2. Conversem sobre os significados ou as experiências positivas que esses conhecimentos proporcionaram a vocês.
3. Depois, com a turma e com o professor, conversem sobre essas experiências e discutam sobre o sentido de estudar o conhecimento religioso no Ensino Médio.

Na intenção de que essa experiência seja significativa, vamos nos apoiar no conhecimento das Ciências Humanas e Sociais, entre elas as **Ciências da Religião**. Essas ciências investigam a manifestação dos fenômenos religiosos em diferentes culturas e sociedades, com distintos enfoques e especificidades. Percorreremos sentidos e significados de vida, de ideias de divindade, de cosmovisões, de crenças, de mitologias, de narrativas, de ritos, etc., indicando como a busca humana pelo sentido da vida é diversa e multifacetada.

O professor Hans-Jürgen Greschat, em seu livro *O que é Ciência da Religião?* (Tradução: Frank Usarski. São Paulo: Paulinas, 2005), adverte que a forma como os pesquisadores reagem diante da religião como objeto de estudo depende, entre outros fatores, do lugar e da época em que vivem e, ainda, daquilo em que creem. Segundo o autor, os **cientistas da religião** precisam estudar as religiões em sua totalidade, dando atenção especial a quatro elementos que considera comuns nas matrizes religiosas: comunidade, atos, doutrinas e experiências religiosas. Destaca, ainda, que as "religiões vivas mudam sem cessar", e é esse dinamismo que assegura e representa a força vital delas.

No início do século XX, a contribuição de autores como Mário de Andrade, Florestan Fernandes e Gilberto Freyre pode ser considerada chave para o desenvolvimento da área de Ciências da Religião no Brasil.

Como exemplo, podemos citar *Casa-grande & senzala*, de Gilberto Freyre, um estudo sobre a formação do Brasil, com atenção especial à religiosidade afro-brasileira, que representou, na época, uma abordagem sobre o tema da religião sob a perspectiva do sincretismo (amálgama de doutrinas ou de concepções diferentes). Em um trecho dessa obra, há esta mensagem, que precisamos compreender criticamente, considerando o contexto histórico ao qual o autor se refere:

> A religião tornou-se o ponto de encontro e de confraternização entre as duas culturas, a do senhor e a do negro; e nunca uma intransponível ou dura barreira.
>
> FREYRE, G. *Casa-grande & senzala*: formação da família brasileira sob o regime da economia patriarcal. 48. ed. São Paulo: Global, 2003. p. 588.

Fique sabendo

Atualmente, a área de Ciências da Religião é reconhecida como um campo do conhecimento, com ampla oferta de cursos superiores, destacando a formação de pesquisadores e de professores. Aprender sobre os conhecimentos religiosos amplia nossa capacidade de dialogar e de conviver respeitosamente, considerando a diversidade de perspectivas religiosas e seculares presentes na sociedade. Aproximar-se desses saberes contribui na construção de seus sentidos pessoais de vida e de uma participação social pautada em valores e princípios éticos.

Atividades

Conforme vimos, a área de Ciências da Religião investiga a manifestação dos fenômenos religiosos. Em que consiste a profissão do cientista da religião? Para realizar esta atividade, escolha uma das tarefas a seguir. Depois, compartilhem com os colegas da turma os registros por vocês obtidos.

1. Reúna-se com alguns colegas e, sob a orientação do professor, pesquisem em *sites* de universidades sobre o curso de Ciências da Religião. Registrem características da proposta formativa do curso, buscando compreender a atuação profissional de quem o realiza.

2. Combine com alguns colegas e, sob a orientação do professor, contatem e agendem uma entrevista com uma pessoa formada em Ciências da Religião. Perguntem sobre a área de estudo e sobre as características dessa profissão e anotem as informações obtidas.

INQUIETAÇÕES QUE FICAM

O sentido ético dos saberes religiosos

Em 1893, nos Estados Unidos, ocorreu o Primeiro Parlamento das Religiões do Mundo, no qual diversos religiosos discutiram maneiras de fortalecer os valores humanos e a espiritualidade. O Segundo Parlamento das Religiões ocorreu em 1993 e do evento nasceu a *Declaração de Ética Mundial*, esboçada pelo teólogo Hans Küng. Leia um trecho desse documento a seguir.

Parlamento das Religiões do Mundo, ocorrido em 4 de setembro de 1993, em Chicago, nos Estados Unidos.

Declaração de Ética Mundial

[...]

I. Não há nova ordem mundial sem uma ética mundial

Nós, homens e mulheres provenientes de diversas religiões e regiões deste planeta, dirigimo-nos, portanto, a todos os seres humanos, religiosos ou não religiosos. Queremos expressar a convicção que partilhamos:

• *Todos* nós somos *responsáveis por uma ordem mundial melhor*.

• Nosso posicionamento em favor dos direitos humanos, da liberdade, justiça, paz e preservação da Terra dá-se de modo incondicional.

• Nossas tradições religiosas e culturais diversas não nos devem impedir de assumir um posicionamento ativo e comum contra todas as formas de desumanidade e em favor de mais humanidade.

• Os princípios manifestados nesta Declaração podem ser assumidos por todos os seres humanos que sustentem convicções éticas, sejam elas de fundamento religioso ou não.

• Nós, no entanto, como *pessoas religiosas ou de orientação espiritual* – que fundamentam suas vidas sobre uma realidade última, da qual retiram força e esperança espiritual em uma atitude de confiança, de oração ou meditação, em palavras ou pelo silêncio –, estamos especialmente comprometidos com o bem da humanidade como um todo, e preocupados com o planeta Terra. Não nos consideramos melhores que outras pessoas, mas temos confiança em que a sabedoria milenar de nossas religiões seja capaz de apontar caminhos, também para o futuro.

[...]

Parlamento das Religiões Mundiais, 1993, Chicago, EUA. *Declaração de Ética Mundial*. Disponível em: www.weltethos.org/1-pdf/10-stiftung/declaration/declaration_portuguese.pdf. Acesso em: 16 ago. 2021.

Atividades

Com base no texto, converse com os colegas e o professor sobre estas questões:

1. Quais os pontos em comum das religiões?
2. Quais pontos podem ser compartilhados por pessoas sem convicções religiosas?
3. Como avaliamos essas convicções em nosso município e no país?
4. É possível pensarmos em uma ética comum para as religiões, respeitando suas identidades? Se sim, citem uma reflexão.

Os saberes religiosos têm implicações éticas e buscam sensibilizar para temas que vão além das fronteiras das religiões respectivas. Compartilhar esses saberes religiosos motiva-nos a assumir um compromisso muito maior com a vida em sociedade, com a natureza e com os seres vivos em geral.

Atividades

1. Vamos mobilizar os saberes religiosos na nossa comunidade educativa? O professor vai dividir a turma em quatro grupos para que cada um escolha um dos temas dos círculos:

Direitos humanos

Liberdade

Justiça social

Preservação da Terra

2. Sob a orientação do professor, e caso considerem oportuno, subdividam-se em novos grupos, tendo em vista a abrangência de cada um desses temas.
3. Cada grupo deve pesquisar saberes de diferentes religiões que buscam apoiar seus seguidores sobre esses temas. O grupo pode realizar pesquisas em textos sagrados, em relatos de lideranças religiosas, em matérias da área de Ciências da Religião ou obter informações a respeito em conversas com outras pessoas.
4. Depois, com as informações coletadas, os grupos produzem uma série de três a quatro episódios de *podcast* sobre cada tema. Caso tenham se subdividido, cada grupo fará um ou dois episódios, dependendo do número de integrantes. Orientem-se pelas seguintes ações:
    I. Elaborar o roteiro e definir os participantes da locução.
    II. Sugerir ideias para abordar durante a gravação ou a edição do episódio.
    III. Realizar a gravação e a edição, atentando para a qualidade do áudio.
    IV. Escutar o episódio e avaliar se expressa uma mensagem positiva, oferecendo a quem escuta uma possibilidade de reflexão ou de sensibilização sobre o tema. Caso percebam a necessidade de gravar ou de editar novamente para garantir a comunicação da mensagem do grupo, sugere-se que assim o façam.
5. Na turma, escutem os episódios dos grupos e compartilhem suas percepções sobre a produção dos colegas.
6. Depois, com a ajuda do professor, planejem a possibilidade de divulgar os episódios sobre os temas. Pode ser por meio de um programa de comunicação da escola, no qual um ou dois episódios sejam divulgados semanalmente.

NA TRAVESSIA DO PROJETO DE VIDA

O **projeto de vida** é um processo que nos possibilita estabelecer prioridades, escolher caminhos e formas para concretizar nossas aspirações e opções fundamentais da vida, em dado contexto sociocultural.

Convidamos você a fazer a travessia para a construção de seu projeto de vida. Nela, poderá refletir a respeito de experiências, de memórias e de valores que tornaram o que você é hoje e, como um ser em construção, refletir a respeito de preferências, de sonhos e de escolhas que vão contribuir para que seja quem deseja ser.

Essa travessia será composta de muitos assuntos novos, que vão inspirá-lo a refletir mais sobre sua vida, suas relações, seu desenvolvimento pessoal, seus sonhos, suas habilidades e possibilidades e, ainda, sobre o mundo em que vive. Você poderá desenvolver competências socioemocionais variadas, proporcionando-lhe autoconhecimento, mais liberdade e determinação.

Nesta unidade você pôde refletir sobre a manifestação do sagrado nas culturas. Vimos que essa manifestação emerge dos sentidos e dos significados que atribuímos a nossa realidade e a nossa existência. Ao aproximarmo-nos de forma mais atenta e profunda de nossa própria história, devemos também assumir uma postura de alguém que se depara com algo que considera sagrado.

Vamos iniciar os passos movidos pelas perguntas existenciais que acompanham o ser humano em seu caminho de construção de um sentido para a vida: De onde viemos? Quem somos? Qual o sentido da vida?

1 Compartilhando as primeiras ideias

Prepare fichas com as seguintes perguntas: O que é um projeto de vida? Para que ele serve? É importante ter um projeto de vida? Por quê? Em seguida, sob a orientação do professor, circule pela sala entrevistando um ou mais colegas. Lembre-se de que você também será entrevistado por alguns colegas.

Após um tempo de entrevistas, cada estudante deve contar, em uma roda de conversa, quais informações recebeu dos colegas. As ideias mais importantes e mais recorrentes podem ser anotadas na lousa. Para concluir, vocês podem conversar sobre as ideias principais do projeto de vida.

2 Aprofundando o olhar

I. Em grupo, analisem as tirinhas.

II. Após analisar as tirinhas, converse com os colegas sobre as seguintes questões:

  a. Quais ideias importantes sobre o projeto de vida e sobre o que ele envolve estão presentes nas tirinhas?

  b. Você se identifica com alguma das situações? Por quê?

  c. Um projeto de vida envolve a superação dos desafios? Quais seriam esses desafios?

3 Dando passos na travessia do projeto de vida

I. Agora, individualmente, construa um autorretrato, usando colagem com imagens, símbolos, palavras, cores que você acha que o descreveriam bem. Enquanto faz isso, reflita sobre as questões a seguir:

  a. Como eu me vejo?

  b. Quais são minhas características (não apenas físicas)?

  c. De quais delas eu gosto mais? De quais gosto menos?

  d. Quais são as características que percebo que as pessoas notam mais em mim?

  e. Quais são as marcas (características físicas e psicológicas, gostos e preferências, atitudes e valores, etc.) que percebo que recebi de minha família (minha mãe, meu pai, meus avós, etc.)?

  f. Quais gostos, atitudes e ideias me identificam mais?

II. Após concluir sua colagem, tome nota das respostas às perguntas refletidas.

III. Guarde seu autorretrato e procure retomá-lo sempre que quiser acrescentar algo. Esse será um exercício que vai ajudá-lo a conhecer mais sua própria identidade.

Unidade 2
A busca do Bem viver

A *wiphala*, bandeira de origem andina, é um símbolo dos povos originários na América Latina que representa um compromisso de resistência e pelo Bem viver.

- O que significa uma vida boa?
- É possível que todos, pessoas e demais seres vivos, tenham uma vida boa?
- O que podemos aprender com a experiência dos povos ameríndios e amazônicos?

PARA INÍCIO DE CONVERSA

Os povos originários na América Latina têm uma cosmovisão e uma cosmossensação marcantes, que nos incitam a uma compreensão diferente quanto ao modo com o qual temos nos relacionado com as pessoas e com a Natureza. Sabemos que um fato ocorrido em algum lugar do planeta pode afetar outro lugar. Um exemplo é a relação exploratória do ser humano com a floresta Amazônica, o que pode gerar consequências que vão além da área ocupada por esse bioma.

Nossas ações locais podem produzir benefícios ou prejuízos para outros. É necessário pensar nos critérios para nortear a forma de viver.

Atividades

1. Leia a tira e pesquise sobre os "rios voadores".

2. Em grupo, pesquisem outras situações semelhantes à abordada na tira que evidenciem a relação entre o local e o global, apontando benefícios ou prejuízos para as pessoas e/ou para os seres vivos em geral.

3. Visite o *site* da Rede Eclesial Pan-Amazônica (https://repam.org.br/) e informe-se sobre as iniciativas que estão sendo realizadas por essa entidade. Pesquise o significado da palavra **amazonizar** e, depois, com seus colegas, criem uma estratégia de divulgação, na escola ou em outros espaços presenciais ou virtuais, da ideia de amazonizar.

Curiosidade filosófica

O teólogo e escritor chileno **Diego Irarrazaval** expressa um sentido para a ideia do Bem viver.

O Bem viver

É um dinamismo relacional e libertador (e não uma acomodação estática). Trata-se da ética de bem-estar com outras pessoas, sem exclusões. Opõe-se de modo agudo ao egoísmo burguês; este inventa um estar bem às custas da infelicidade dos empobrecidos. Por isso, ao falar de "viver-bem", refiro-me a fazer o bem, celebrar a vida, interagir com equidade e justiça. O bom, portanto, não é algo narcisista, autocentrado, materialmente bem-sucedido. Mas o bem é a prática da bondade, da ternura, da alegria, da celebração e das relações frutíferas.

IRARRAZAVAL, D. *Felicidad masculina*: una propuesta ética. Chucuito: s.l., 2002. p. 26. (Tradução do autor para fins didáticos).

- Em sua opinião, o progresso, sintetizado pelo desenvolvimento tecnológico e científico, tem trazido felicidade para o ser humano? Ele dialoga com a perspectiva do Bem viver? Como você se autoavalia em relação à ideia do Bem viver?

PRIMEIROS PASSOS

A Mãe Terra e o sentido comunitário de viver

Falar da Mãe Terra, ou da *Pachamama* (como alguns povos a chamam), é bastante complexo, considerando a diversidade cultural da América Latina. No entanto, a intenção aqui é aproximar você da comunhão de saberes com a qual a cosmovisão e a cosmossensação anteriormente mencionadas encaminham-nos para o Bem viver. A palavra *pachamama*, de origem quíchua, significa "mãe natureza": **pacha** significa "tempo-espaço", e **mama**, "mãe".

Reconhecer a Mãe Terra é compreender que temos uma essência comunitária e que o cosmo é uma grande comunidade, uma Casa comum. Somos terra, pertencemos à terra, e nossa relação com ela é precisamente isso: uma relação. Sua maternidade nos ensina que tudo está interligado.

O Papa Francisco recebendo de indígenas da Amazônia a imagem da Mãe Terra. Roma, Itália, 2020.

A *pachamama* é, para as comunidades indígenas dos Andes e da Amazônia, uma figura da fertilidade feminina, o grande útero onde as vidas são geradas. Dela emerge uma espiritualidade de ternura que acolhe e cuida de seus filhos e de suas filhas, ensinando-lhes, com sua bondade, a agir como irmãos e irmãs. Isso nos convida a sermos guardiões de nossos familiares, das florestas, das águas, dos animais e de tudo o que existe.

De acordo com Fernando Mamani (2010), a tradição oral dos sábios avós aimarás nos ensina que "o ser humano é terra que anda", e que "quem caminha na senda sagrada de nossa cosmovisão, a Mãe-Terra sempre deixa pegadas no coração".

A sabedoria em torno da Mãe Terra, não obstante as peculiaridades de cada povo, quer seja andino, quer seja amazônico ou outro povo que dela compartilha, pode ser sintetizada nos seguintes princípios:

- A Terra é a origem e a fonte da vida, das relações e das obrigações filiais.
- Além de origem, a Terra também é presença.
- Habitar a Terra e contemplá-la suscita um comportamento religioso, celebrativo.
- A Terra é o maior princípio de unidade da comunidade.

Fique sabendo

A animação *Abuela grillo* (Dinamarca e Bolívia, 2009, 12 min), dirigida por Denis Chapon e produzida por Israel Hernández, apresenta o mito do povo boliviano Ayoreo, que trata da luta dos povos contra a mercantilização da água.

A compreensão desses princípios está pautada na tradição de saberes míticos, que dão sentido a um modo de ser e de conviver na Terra. A perpetuação deles tem influenciado, na atualidade, o reconhecimento da Terra como sujeito de direitos.

Atividades

A Mãe Terra nas expressões artísticas

A sabedoria dos povos andinos e amazônicos sobre a Mãe Terra revela-se também por diversas linguagens artísticas (como a arte indígena contemporânea): músicas, poesias, pinturas ou murais, por exemplo.

Para inspirar a pesquisa a ser feita a seguir, ouçam a canção "Mãe Terra", do grupo português Terra Livre, com a participação do cantor pernambucano Silvério Pessoa. Disponível em: https://www.youtube.com/watch?v=-9xL10AbHEo. Acesso em: 4 nov. 2021. Em seguida, escolham uma frase dessa canção para correlacioná-la com a prática do **Bem viver**.

1. Reúna-se com alguns colegas e, sob a orientação do professor, pesquisem uma expressão artística que trate sobre a Mãe Terra. Após escolherem uma delas, identifiquem nessa expressão artística os princípios descritos na página 20.

2. Apresentem aos colegas a expressão artística que escolheram e comentem sobre os princípios que conseguiram identificar nela.

Essas expressões artísticas revelam a sabedoria dos povos andinos e amazônicos e incentivam muitas pessoas, até mesmo de outras crenças religiosas, a incluir na vida cotidiana os princípios anteriormente citados, adotando, por exemplo, um comportamento ecológico necessário à preservação da vida, para a atual e para as futuras gerações.

Casa Mãe Terra (2003), escultura de Maurício Camargo Panella, localizada no Parque das Dunas, em Natal (RN). Taipeiro: José Carlos da Silva (Duda). Construída em taipa, sua estrutura é feita por meio do trançado de varas e cipós, com a utilização de barro para formar a "carne". Entrar nela é sentir a pulsação do cordão umbilical, que nos religa à memória da vida do planeta e do cosmo. Ela faz-nos lembrar de nosso compromisso com a teia da vida.

Tal comportamento sinaliza um estilo de vida, isto é, uma forma de compreender nossas relações com a Terra e as responsabilidades que delas decorrem. Essa prática é conhecida como **Bem viver**.

NO CAMINHO DO TEMA

Amazônia: o jeito de ser em nossa casa

A Amazônia é o maior bioma da América Latina, integrando imensa sociobiodiversidade e um mundo de florestas e águas. Nela, estão o rio Amazonas, que a percorre pelos seus afluentes, e o aquífero Alter do Chão. Esse bioma pode, ainda, ser considerado um "rio aéreo", por causa da evapotranspiração da floresta, que leva vapor d'água a outras regiões. A magnificência da Amazônia integra mistérios, transcende fronteiras, cuida da vida que a habita, abriga relações de interdependência e de reciprocidade com seus povos, mas também registra e revela o descuido e a destruição provocados, de forma constante, pelos seres humanos.

Populações tradicionais, indígenas, ribeirinhas, quilombolas, seringueiras, castanheiras e camponesas lutam pelo reconhecimento de seus territórios e resistem diante de imposições neocolonialistas que se apresentam como alternativas de desenvolvimento econômico e julgam "atraso" na região. Apoiados nesse discurso, beneficiam-se financeiramente, enquanto contaminam as águas, desmatam a floresta, devastam a cultura dos diversos povos, gerando, assim, insegurança, empobrecimento, migração e desastre.

A Amazônia não é propriedade, mas, segundo a publicação *Realidade amazônica* (Brasília: REPAM, 2020), "é lugar e espaço vivencial", "território imaginado, sentido e vivenciado", "lugar da memória e do respeito aos antepassados", "lugar da agroecologia, do extrativismo responsável, da pesca sustentável, da festa, dos jogos e danças tradicionais". Viver de modo solidário e respeitoso com o tempo ecológico do ciclo das águas e da floresta é um saber ancestral que evidencia a possibilidade de **Bem viver**. Nas palavras do escritor paraense Leandro Tocantins: "o rio comanda a vida", uma vida em movimento.

No ensinamento desses saberes, a presença das mulheres é significativa. Em várias etnias, elas são consideradas portadoras da experiência do sagrado, atuando como pontes com o transcendente, transmitindo a espiritualidade e dando sentido para a vida da comunidade. Um exemplo é a Vovó Bernaldina, anciã da cultura macuxi, que transmitiu seus conhecimentos milenares de rezas, de medicina tradicional, de cantos, de danças e de artesanatos a seu povo.

Bernaldina esteve, em 2018, com o Papa Francisco e entregou-lhe, na ocasião, uma carta indicando as dificuldades enfrentadas pela Terra Indígena Raposa Serra do Sol, no estado de Roraima. Muitas outras mulheres detêm uma sabedoria ancestral que nos faz recordar, insistentemente, que a Terra é nossa mãe, que o rio e a floresta são nossos irmãos, e que precisamos protegê-los e deles cuidar para o bem de todos.

Fique sabendo

Há uma Articulação Nacional das Mulheres Indígenas Guerreiras da Ancestralidade, denominada Anmiga. Segundo Célia Xakriabá, antropóloga e liderança indígena da Articulação: "nós carregamos nos nossos corpos os saberes, as lutas, a cura. De parteiras a deputadas, de cacicas a pesquisadoras, ocupamos os espaços com toda nossa ancestralidade". (disponível em: https://comin.org.br/2021/informes/mulheres-indigenas-lancam-articulacao-nacional-no-dia-internacional-das-mulheres/. Acesso em: 24 nov. 2021.).

> A Amazônia é um todo plurinacional interligado, um grande bioma partilhado por nove países: Brasil, Bolívia, Colômbia, Equador, Guiana, Peru, Suriname, Venezuela e Guiana Francesa. Todavia dirijo esta Exortação ao mundo inteiro. Faço-o, por um lado, para ajudar a despertar a estima e solicitude por esta terra, que também é «nossa», convidando-o a admirá-la e reconhecê-la como um mistério sagrado [...].
>
> PAPA FRANCISCO. *Exortação apostólica pós-sinodal Querida Amazônia*. Brasília: Edições CNBB, 2020. p. 5.

Uma espiritualidade ecológica que nos ensina

Tudo no mundo está interligado. Copertencemos na **teia da vida**.

> O homem não tece a teia da vida; ele é apenas um fio. Tudo o que faz à teia, ele faz a si mesmo.
>
> CAPRA, F. *A teia da vida*: uma nova compreensão científica dos sistemas vivos. Tradução: Newton Roberval Eichemberg. São Paulo: Cultrix, 2012.

Esse princípio de que tudo está interligado é um tesouro cultural que os povos ameríndios guardam com forte sentido comunitário. Nessa relação com a Natureza, a vida diária é sempre cósmica.

> Na Amazônia, a água é a rainha; rios e córregos lembram veias, e toda a forma de vida brota dela [...]. A água encanta no grande Amazonas, que abraça e vivifica tudo ao seu redor [...]. Além disso é a coluna vertebral que harmoniza e une: "O rio não nos separa; mas une-nos, ajudando-nos a conviver entre diferentes culturas e línguas".
>
> PAPA FRANCISCO. *Exortação apostólica pós-sinodal Querida Amazônia*. Brasília: Edições CNBB, 2020. p. 43-45.

Sentir-se intimamente unido à Amazônia, como são unidos os filhos e as filhas à mãe, é uma experiência de contemplação, de amor, que gera sentimentos filiais capazes de suscitar o cuidado, a defesa.

A contemplação da vida é ensinada por meio de mitos, lendas e narrativas. Essa identidade produz a sensação de pertencimento, dá sentido à vida e aos comportamentos comunitários. É por isso que escutar o rio, os pássaros ou a floresta, aprender com eles e interpretar a vida por meio desse aprendizado é algo que possui significado. Nessa intimidade, percebemos o conhecimento profundo de plantas, frutos, animais e minerais, de cura e interpretação de fenômenos naturais e do ciclo da vida. Tudo na vida, na Natureza, é sagrado.

Cabe destacar que, na sociodiversidade dos povos amazônicos, essa relação se comunica com características e símbolos próprios. Assim, é importante salientar que, no empenho de aprender com a experiência religiosa desses povos, é preciso contextualizar esses saberes de forma ética e honesta, evitando avaliá-los à luz de nossos princípios e categorias.

Fique sabendo

Ouça a música "Tudo está interligado", do padre Cireneu Kuhn, SVD, inspirada na espiritualidade ecológica. Disponível em: www.youtube.com/watch?v=PLsAtfUGcHU. Acesso em: 16 ago. 2021.

Angelim-pedra, ou angelim-vermelho, considerada a árvore mais alta da floresta Amazônica, podendo atingir até 80 metros de altura.

Atividades

O Papa Francisco convida os jovens a conhecer as raízes e a sabedoria cultural que foram transmitidas oralmente por meio de mitos, lendas e narrações e, ainda mais, convida a cuidar delas. Para isso, enfatiza que precisamos deixar que os idosos contem essas histórias, para que possamos registrar essa riqueza cultural.

1. Pesquisem, em grupo, sobre um povo tradicional da Amazônia e escolham um mito, uma lenda ou uma narrativa pertencente a esse povo. Discutam sobre os valores presentes no texto escolhido e, em seguida, relacionem-no com a ideia do Bem viver.
2. Depois, escolham uma técnica audiovisual para compartilhar a mensagem e o saber cultural desse povo por meio da lenda, da narrativa ou do mito escolhido.

INQUIETAÇÕES QUE FICAM

A prática do Bem viver

O Bem viver apresenta conceitos distintos nos diferentes povos e nas diferentes culturas. Por exemplo: *suma qamaña*, para os Aimará da Bolívia; *sumak kawsay*, para os Quíchua do Equador; *shiir waras*, para o povo Achuar da Amazônia equatoriana; *ñande reko*, para os Guarani da Bolívia, do Paraguai, da Argentina e do Brasil, entre outros.

Mesmo diante da diversidade de saberes, essa prática apresenta um ponto em comum em todas as diferentes culturas: a convivialidade, um conjunto de "bons conviveres" locais que, pautado na compreensão de que no ambiente tudo tem vida, provoca o reconhecimento mútuo, a complementaridade e a harmonização. A pluralidade desses locais (*glocal*) sinaliza que **sociedade** e **Natureza** não estão separadas, mas, sim, estão intimamente associadas.

Mulher representante dos povos andinos.

> O glocal indica o Bem viver, como o discurso policromo e ambivalente que integra as tradições indígenas ancestrais no contexto global e local, que, em oposição ao modelo hegemônico de desenvolvimento, propõe alternativas holísticas e ecocêntricas.
>
> Fonte de pesquisa: BELING, A.; VANHULST, J. Aportes para una genealogía glocal del Buen Vivir. In: *Economistas sin Fronteras* (EsF). El Buen Vivir como paradigma societal alternativo. n. 23, 2016. p. 12-17.

O Bem viver defende uma postura biocêntrica na qual todos os elementos do ambiente possuem valores em si mesmos. Ele posiciona-se contra posturas antropocêntricas, que compreendem os elementos naturais como bens e mercancias, e assume uma postura crítica ao paradigma moderno de desenvolvimento.

Nesse esforço, destacam-se as contribuições do sociólogo Simón Yampara Huarachi e do economista Alberto Acosta. Atualmente, em âmbito nacional e internacional, eles apoiam uma série de discussões em áreas como a economia, a política e o direito, apontando a necessidade de um paradigma societário alternativo.

Atividade

A crítica ao "monopensamento ocidental"

[...] uma coisa é olhar para a história e ver a lógica da linearidade da vida, em que o futuro ganha importância, e o passado é algo superado e, portanto, sem importância; e, a partir do presente, deve-se olhar e adivinhar o futuro. Outra coisa é olhar para a história ciclicamente, o processo da vida em espiral. Aqui, o passado está à frente e tem importância substancial, pois ali está a acumulação de experiências e saberes. O futuro está atrás, por vir. E o futuro deve ser projetado em função da experiência milenar.

HUARACHI, S. O bem-viver como perspectiva ecobiótica e cosmogônica. Entrevista concedida à *Revista do Instituto Humanitas Unisinos* (IHU *on-line*), ed. 340, 23 ago. 2010. Disponível em: www.ihuonline.unisinos.br/artigo/18-artigo-2010/3446-simon-yampara?start=2. Acesso em: 16 ago. 2021.

- Em seu relato completo, Huarachi aponta uma crítica ao paradigma de vida e de valores ocidentais. Com o apoio do professor, discutam essa crítica e deem exemplos de como é possível mudar esse paradigma.

Por um novo estilo de vida

O Bem viver é um estilo de vida em construção, que germina no compartilhamento da ancestralidade dos povos ameríndios, cuja resistência oferece saberes desconhecidos e historicamente marginalizados. A valorização desses saberes trouxe novos sentidos e significados e representa hoje uma esperança para a vida em sociedade.

No início do livro *O Bem viver: uma oportunidade para imaginar outros mundos*, de Alberto Acosta, encontra-se a seguinte frase dita pelo escritor cubano Alejo Carpentier (1904-1980): "Os mundos novos devem ser vividos antes de ser explicados".

Alberto Acosta entende que o modelo mecanicista não tem futuro.

> Cada vez mais pessoas começam a entender que a acumulação material, mecanicista e interminável, assumida como progresso, não tem futuro. Essa preocupação é crescente, pois os limites da vida estão severamente ameaçados por uma visão antropocêntrica do progresso, cuja essência é devastadora.
>
> ACOSTA, A. *O Bem viver: uma oportunidade para imaginar outros mundos.* Tradução: Tadeu Breda. São Paulo: Autonomia Literária/Elefante, 2016. p. 104.

O Bem viver propõe uma transcendência além da satisfação proporcionada pelos bens materiais e defende que a economia deve respeitar a dinâmica da Natureza, sua renovação e preservação. Você considera que está entre as pessoas que pensam dessa forma?

As soluções propostas como alternativas aos modelos depredadores precisam ser construídas valorizando a cultura local e regional, sem descuidar do que é global. Entre algumas alternativas em sintonia com o Bem viver, estão:

Fique sabendo

A música "Latinoamérica", do grupo porto-riquenho Calle 13, expressa uma crítica à lógica capitalista de entender a vida e os bens da Natureza. Disponível em: https://www.youtube.com/watch?v=zX_BMWuZq_I. Acesso em: 4 nov. 2021.

- Economia solidária
- Hortas urbanas e ambientes naturais comuns
- Trabalho colaborativo
- Valorização da mulher
- Viver coletivo com diversidade
- Consumo consciente e energias renováveis
- Agroecologia e soberania alimentar
- Comércio justo
- Políticas de felicidade

Cada uma dessas alternativas é um exemplo de coragem na busca por novos hábitos e estilos de viver, de conviver e de Bem viver!

25

NA TRAVESSIA DO PROJETO DE VIDA

A cosmovisão e a cosmossensação dos povos originários na América Latina nos ensinam um modo particular de estar no mundo. Para esses povos, tudo está interligado e cada ação humana afeta a vida das outras pessoas e do planeta como um todo. Cultivando a cultura do Bem viver, esses povos nos trazem uma inspiração: ao pensar em projeto de vida, é preciso considerar que vivemos juntos no mundo. Que tipo de impacto você deseja que suas ações tenham em nossa Casa comum e na vida das outras pessoas? Você sente-se corresponsável pela vida no e do planeta?

Indígenas da etnia Krahô, na Aldeia Santa Cruz, no Tocantins.

1 Compartilhando as primeiras ideias

Os povos originários na América Latina cuidaram de suas raízes históricas e culturais por meio da tradição oral, isto é, narrando histórias, lendas e mitos. Foi assim que se construiu grande parte da identidade de nosso continente. A expressão "**Era uma vez...**", tão comum em contos de fada, faz-nos lembrar de um aspecto fundamental: que nossa identidade é uma narrativa, é uma história de vida que contamos a respeito de nós, a nós mesmos e aos outros. O autoconhecimento consiste, em primeiro lugar, nas respostas que damos à pergunta: Quem sou eu? Nós nos conhecemos e nos revelamos aos outros pelas histórias que contamos sobre nós mesmos. Considerando isso, siga os passos indicados:

I. Ouça a música "Era uma vez", de Kell Smith, disponível em: https://www.youtube.com/watch?v=xJNKT9HAXRc. Acesso em: 4 nov. 2021.

II. Em pequenos grupos, um estudante de cada grupo deve iniciar uma história começando com "**Era uma vez...**".

III. Em seguida, ele faz uma pausa nesse início de história e escolhe um colega do grupo para acrescentar elementos à narrativa, dando, assim, continuidade a ela. E assim sucessivamente até todos os componentes do grupo terem contribuído para a construção do início, do meio e do final de uma história fictícia.

IV. Concluída a história contada pelo grupo, sob a orientação do professor, um dos integrantes deve contar a toda a turma a história composta com os colegas. Assim, será formada uma grande roda de contação de histórias na sala de aula.

Observação: a atividade pode render momentos engraçados, por isso é importante que não percam a atenção e o respeito pelo próximo, procurando sempre evitar constrangimentos e situações desagradáveis. A ideia é experimentar tanto a experiência de tradição oral dos povos originários quanto a arte de contar histórias, importante para narrar nossa autobiografia a nós mesmos. Para estimular a criatividade, cada grupo pode ter uma caixa com objetos que ajudem a contar cada trecho da história.

2 Aprofundando o olhar

O que aumenta nossa comunhão e nossa amizade social? O que nos impede de viver juntos? Na hora de pensar em seu projeto de vida, é importante considerar os valores e os modos de vida conflitantes na sociedade. As escolhas que fazemos também reforçam determinados valores e modos de vida em sociedade. Nossas decisões têm impacto na vida dos outros, na vida do planeta e da sociedade em geral. Que modos de vida você quer fortalecer com seu projeto de vida? Para auxiliar a responder à pergunta, faça o seguinte:

I. Em grupos e com o auxílio do professor, procurem na internet imagens, manchetes, símbolos e acontecimentos que ilustrem o modo como o Bem viver, a amizade social e a comunhão entre ser humano e Casa comum manifestam-se em nossa sociedade. Montem uma colagem em um programa de apresentações.

II. Ainda em grupos, selecionem também imagens, manchetes, símbolos, acontecimentos que ilustrem como modos de vida conflitantes com o princípio do Bem viver manifestam-se em nossa sociedade. Montem outra colagem em um programa de apresentações.

III. Reunidos na sala de aula, compartilhem o trabalho do grupo e as reflexões feitas para preparar o material usando recursos digitais. Identifiquem semelhanças e diferenças entre os trabalhos dos grupos e conversem a respeito.

3 Dando passos na travessia do projeto de vida

I. Agora, individualmente, retome a figura da página 25 com algumas alternativas ligadas à prática do Bem viver. Pensando em seu cotidiano, considere:

   a. Quando penso no Bem viver, novas alternativas, além das apresentadas na figura, vêm-me à cabeça? Quais? Já vivencio alguma delas?

   b. Como avalio a prática das alternativas do Bem viver em minha vida pessoal e de minha família? Quais exemplos posso dar que demonstram isso?

   c. Quais hábitos, atitudes e valores preciso mudar em meu cotidiano para contribuir com uma sociedade do Bem viver? Sinto-me motivado para essas mudanças?

   d. Sinto-me satisfeito quando penso em viver numa sociedade em que as alternativas apresentadas na figura sejam plenamente realizadas? Como imagino poder contribuir para isso?

II. Após concluir sua reflexão, faça anotações a respeito.

III. Guarde seu caderno e retome-o sempre que quiser acrescentar algo. Esse será um exercício que vai ajudá-lo a perceber os valores de uma prática do Bem viver e a refletir sobre o impacto de decisões individuais na vida em sociedade.

Oficina de projeto de vida

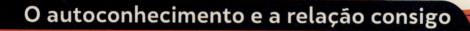

O autoconhecimento e a relação consigo

1. Ideias para pensar

Projetar a vida é ter diante de nós um desafio existencial, porque significa atribuir um sentido a ela, sentido esse que se realiza por meio dos projetos nos quais nos engajamos, nas atividades com as quais nos envolvemos, nos valores que seguimos, no estilo de vida que adotamos. Assim, o projeto de vida orienta-nos na direção dos objetivos que desejamos alcançar, com o propósito de ter uma vida com sentido, uma vida feliz, uma vida boa.

Para que possamos projetar a vida, é preciso ser observado e ser considerado um conjunto de relações fundamentais por meio das quais nossa presença no mundo se estrutura, compreendendo, assim, que somos pessoas ligadas a outras pessoas.

O autoconhecimento e a identidade são importantes pontos de partida para darmos passos na travessia do projeto de vida. Destacamos que é por meio do autoconhecimento que podemos aprofundar a relação que temos conosco. Você considera que se conhece suficientemente? Tem interesse em se conhecer melhor? Você se sente animado a dar esses passos na travessia do projeto de vida?

Autoconhecimento

O autoconhecimento consiste, primeiramente, nas respostas que damos à pergunta "Quem sou eu?", ou seja, ele é o saber que temos sobre nós, sobre quem somos. É por meio do autoconhecimento que podemos identificar nossas emoções e nossos sentimentos, nossas reações às variadas situações, nossas preferências e desejos, nossas características, habilidades, limitações.

Na adolescência, com as inúmeras transformações biológicas, psicológicas e sociais, as quais levam o indivíduo a variados processos de construção de identidade e autonomia, o autoconhecimento é mais intenso.

A adolescência é uma fase em que muitos sentimentos, muitas emoções e situações vão ser experimentados pela primeira vez, ocasionando inúmeras oportunidades de descobertas sobre si, sobre os outros e sobre o mundo em que se vive. Apesar de ser mais intenso na adolescência, o autoconhecimento é, porém, um exercício que fazemos ao longo de toda a vida, pois, a cada nova situação, novas relações e experiências pessoais, descobrimos mais sobre nós mesmos e nossa interação nos ambientes. Com isso, vamos amadurecendo e mudando.

> Você sente que a adolescência é um período intenso de autoconhecimento, de descobertas sobre si, sobre o mundo, sobre os outros?

Identidade pessoal

O desenvolvimento da identidade pessoal na adolescência também se dá intensamente por meio de diversas mudanças e de novas interações. À medida que abandona as funções da infância e gradualmente prepara-se para assumir a vida adulta, o adolescente vê-se desafiado a encontrar seus próprios interesses, suas próprias características, habilidades, gostos, valores, na interação estabelecida com outros adolescentes, com os adultos e com a sociedade de forma geral.

A identidade não é um elemento fixo, dado e ligado a uma essência, mas resultado de construção e decisão. Ainda, a identidade é sempre resultado de uma interação indivíduo-sociedade ao longo da vida, é algo que tem que ver com autoidentificação, mas também com reconhecimento alheio.

2. Exercícios para colocar em prática

Como eu revelo quem sou?

Quando alguém olha para você, é possível que seja capaz de identificar alguns traços de sua identidade expressos no modo como se comporta, em como se veste, em como usa os cabelos, etc.

I. Observe a si mesmo: seu comportamento na sala de aula, suas roupas, os itens que traz em sua mochila, os acessórios utilizados, o modo de usar cabelos, etc. Em seguida, faça uma lista dos elementos que revelam algo de sua identidade.

II. Você reconhece que essas escolhas revelam algo de sua identidade? Alguém ou algo o influencia nessas escolhas? Há algo que reconhece em si e de que não gosta? Há algo que gostaria de mudar? Se sim, o quê?

III. Agora, em grupos, compartilhe sua lista com os colegas. Eles concordam com os apontamentos que fez em sua lista? Eles concordam que os elementos destacados revelam, de fato, algo sobre você? Quais outros aspectos aos quais você não estava atento eles puderam observar? Faça a mesma avaliação nas listas de seus colegas.

Se eu fosse eu

Leia um trecho de uma crônica de Clarice Lispector e reflita sobre ela.

> Quando eu não sei onde guardei um papel importante e a procura revela-se inútil, pergunto-me: se eu fosse eu e tivesse um papel importante para guardar, que lugar escolheria? Às vezes dá certo. Mas muitas vezes fico tão pressionada pela frase "se eu fosse eu", que a procura do papel se torna secundária, e começo a pensar, diria melhor sentir.
>
> [...] Experimente: se você fosse você, como seria e o que faria? [...]
>
> Metade das coisas que eu faria se eu fosse eu, não posso contar. Acho, por exemplo, que por um certo motivo eu terminaria presa na cadeia. E se eu fosse eu daria tudo que é meu e confiaria o futuro ao futuro.
>
> "Se eu fosse eu" parece representar o nosso maior perigo de viver, parece a entrada nova no desconhecido.
>
> [...]
>
> LISPECTOR, Clarice. *A descoberta do mundo*. Rio de Janeiro: Nova Fronteira, 1984. p. 228.

- Esse trecho leva-nos a refletir sobre a construção de nossa identidade, que se dá na interação com os outros, em situações sociais cotidianas, as quais, muitas vezes, requerem comportamentos e reações específicas. Assim, "atuamos" de diferentes modos, reagindo a diferentes situações e interações, e vamos nos revelando, mas também construindo nossa identidade, descobrindo mais de nós e do que desejamos revelar ou esconder, fortalecer ou superar. Converse com seus amigos sobre os seguintes pontos:

    a. Há circunstâncias em que deixamos de ser autênticos?
    b. Temos o mesmo comportamento na escola, na família e em outros lugares?
    c. Sou o mesmo com um amigo íntimo ou com um conhecido?
    d. Sou o mesmo quando estou apaixonado ou quando estou bravo?

> Pesquise sobre encenação e interação social na vida cotidiana, tema de célebre trabalho do sociólogo Erving Goffman, em *A representação do eu na vida cotidiana*. 10. ed. Tradução: Maria Célia Santos Raposo. São Paulo: Vozes, 1985.

3. Passos individuais

O autoconhecimento e a identidade são elementos muito importantes para que possamos fazer escolhas e construir projetos de vida autênticos. O autoconhecimento é, ainda, um elemento fundamental em nosso processo de desenvolvimento e de amadurecimento, uma vez que nos permite ter maior clareza e controle de nossas emoções e de nossos desejos, ser mais seguros e confiantes, mais atentos aos aspectos que precisamos desenvolver, além de ser mais assertivos em nossas relações.

Autobiografia

A história de vida é uma fonte muito rica para ajudar-nos no processo de autoconhecimento. Diante disso, faça o que se pede a seguir.

I. Relembre momentos mais marcantes de sua história, desde seu nascimento. Tome nota de fatos, de lembranças, de pessoas e de situações que trazem informações sobre seu processo de crescimento. Converse com familiares e amigos que possam ajudar nessas lembranças.

II. Registre as influências que você acredita ter recebido, mencione as pessoas que possam ter-lhe inspirado e os aprendizados que obteve, etc.

III. Com essas informações, crie uma história em quadrinhos em que você seja a personagem principal. Construa de forma criativa sua autobiografia, com calma e cuidado, saboreando as recordações.

Teste de autoestima

O autoconhecimento ajuda-nos a ser mais íntimos de nós mesmos e, com isso, a ter uma percepção mais positiva a nosso respeito. Certamente, muitas vezes, atribuímos um valor negativo a quem nós somos e, embora a autocrítica também nos ajude a crescer, precisamos superar essa visão negativa sobre nós.

COLUNA 1

- ☐ Busco aprovação nos outros.
- ☐ Comparo-me constantemente com as outras pessoas.
- ☐ Não costumo comemorar minhas vitórias.
- ☐ Não me permito cometer erros.
- ☐ Sofro muito por causa de meus pontos fracos.
- ☐ Sou muito duro(a) e exigente comigo mesmo(a).
- ☐ Sou tímido(a) em excesso.
- ☐ Tenho dificuldades em reconhecer meus pontos fortes.
- ☐ Tenho muita dificuldade de receber críticas.
- ☐ Tenho muito medo de ser rejeitado(a).
- ☐ Não me sinto confortável com elogios.
- ☐ Em geral, não consigo expor minha vontade ou opinião.

COLUNA 2

- ☐ Conheço e lido bem com meus pontos fracos.
- ☐ Cuido de minha saúde e de minha aparência, de forma geral.
- ☐ Estou satisfeito(a) com minha aparência, de forma geral.
- ☐ Recebo críticas de forma satisfatória porque elas ajudam-me a melhorar.
- ☐ Sinto-me merecedor(a) de minhas conquistas.
- ☐ Sinto-me seguro(a) na relação com outras pessoas.
- ☐ Apesar de evitar, aceito que posso cometer erros.
- ☐ Busco fazer tudo com qualidade, mas não sou perfeccionista.
- ☐ Tenho facilidade em me sentir aceito(a) e amado(a) pelas pessoas.
- ☐ Sinto-me satisfeito(a) e confiante quando recebo um elogio.
- ☐ Em geral, consigo expor minha opinião e vontade.
- ☐ Tenho facilidade em reconhecer minhas qualidades.

Você marcou mais pontos na coluna 1 ou na 2?

- Se você marcou mais pontos na coluna 1, busque listar e reconhecer o que é bom em si mesmo. Exercite aceitar que os erros fazem parte da vida e que não somos perfeitos. Evite comparar-se com outras pessoas e procure adquirir hábitos de autocuidado (com a saúde, com a aparência em geral, etc.). Além disso, busque cercar-se de companhias que o estimulem e tenham mais generosidade e paciência com você.

Descobertas e decisões

Considerando os diferentes elementos que envolvem seu autoconhecimento, dedique um tempo para refletir sobre algumas descobertas e decisões para seu projeto de vida e registrá-las. Observe que deverá tomar decisões envolvendo sua relação consigo mesmo. Então, diante das descobertas que fez sobre si mesmo, pense no que deseja mudar e em quais compromissos concretos pode assumir para isso. Preencha um quadro com as seguintes colunas:

→ **Valorizo e quero potencializar em mim** (para listar cinco descobertas boas sobre você);

→ **Quero deixar de ser** (para listar cinco traços que desejaria mudar ou melhorar);

→ **Quero realizar** (para listar cinco decisões em relação ao autoconhecimento, à identidade e à autoestima).

Unidade 3
Memórias e saberes

Baobá, na praça da República, no Recife (PE). Para alguns povos, os baobás são memória viva e conectam o mundo material ao sobrenatural. Eles expressam sentido e confiança.

Ilustração: Catarina Bessell/ID/BR. Fotografia: Max Luz/Shutterstock.com/ID/BR

- O que é a memória? Como ela é guardada?
- Qual é a relação entre a memória e a identidade?
- Qual é o significado dos saberes religiosos afro-brasileiros para nosso país?

32

PARA INÍCIO DE CONVERSA

Candomblé, xangô, tambor de mina, batuque, umbanda, entre outras. O que você sabe sobre essas religiões? Quais são os ensinamentos que seus adeptos seguem? Elas possuem um livro sagrado? Por que são religiões que sofrem constantemente com intolerância, ódio, violência e depredação de seus lugares sagrados?

A intenção desta unidade é mostrar saberes da experiência religiosa afro-brasileira, seu testemunho, seus valores e sua resistência.

Atividades

1. Leia a tirinha e reflita sobre a conversa que ocorre entre as personagens.

As borboletas Dani e Deni - Eduardo Cajueiro

Eduardo Cajueiro/Acervo do cartunista

2. Agora, em grupo, discutam as seguintes questões:

I. O que significa **polemizar**? É uma atitude positiva? Por quê?

II. O que, na tira, significa **polinizar**? É possível **polemizar** e **polinizar** ao mesmo tempo? Se sim, como?

Curiosidade filosófica

O brasileiro conhece o Brasil?

Confira a resposta que a filósofa e escritora brasileira **Djamila Ribeiro** pronunciou para essa pergunta:

[...] Em geral, o brasileiro não conhece o próprio País. [...] É um País extremamente Europa-desejante, que nega as suas próprias fundações como um País negro e indígena [...]. A gente vem mudando, claro, a mentalidade de uns anos para cá, mas ainda é tudo muito incipiente. De maneira geral, as pessoas não sabem, por exemplo, quem foi Dandara, não sabem de todas as revoltas indígenas que ocorreram durante o período da colonização. Se a gente perguntar para uma pessoa se ela sabe o nome de cinco etnias indígenas, ela não vai saber responder. Trata os povos indígenas como se fosse uma coisa só. Não vai saber as lutas quilombolas. Enfim, porque é um País que tentou se embranquecer e instituiu uma visão eurocêntrica de mundo e de conhecimento.

RIBEIRO, Djamila. Djamila Ribeiro: "Não tem problema maior hoje no Brasil do que discutir o racismo". In: Gomes, Luis Eduardo. *Portal Geledés*, ago. 2018. Disponível em: https://www.geledes.org.br/djamila-ribeiro-nao-tem-problema-maior-hoje-no-brasil-do-que-discutir-o-racismo/. Acesso em: 24 ago. 2021.

Luciana Serra/Futura Press

- Se alguém perguntasse a você "O brasileiro conhece o Brasil?", qual seria sua resposta? Converse com seus colegas e com o professor sobre as respostas da turma.

PRIMEIROS PASSOS

A relação com o orixá: um guia

O ritual candomblecista busca a interferência das forças sagradas na vida concreta. Os orixás são guias e estão relacionados a elementos da natureza; cada um deles possui uma personalidade, vestimentas, ferramentas, comidas e rezas próprias, além de um dia da semana específico para ser cultuado. Os seguidores do candomblé invocam os orixás e oferecem-lhes determinados alimentos como manifestação de gratidão; além disso, em muitos casos, preparam alimentos em maior quantidade para compartilhá-los na comunidade.

Fique sabendo

As obras do multiartista argentino Hector Julio Páride Bernabó (1911-1997), conhecido como Carybé, registram a beleza dos orixás e dos valores religiosos do candomblé na Bahia.

Três das sete grandes esculturas de orixás do artista baiano Tatti Moreno, no Dique do Tororó, Salvador (BA).

Cada seguidor liga-se a um ou mais orixás e busca nele orientações para sua vida cotidiana. Por isso, escutamos entre os adeptos o fato de serem **filho ou filha de determinados orixás**. Nos cultos, os ritmos de diferentes tambores favorecem a comunicação com os orixás, e o som atua como condutor do axé, da força vital que os seguidores recebem. Nessa experiência, a intermediação e a interpretação da mãe e do pai de santo são acolhidas e valorizadas.

No quadro a seguir, apresentamos alguns orixás, seus elementos e atributos de personalidade:

Orixá	Elemento	Atributos de personalidade
Oxalá	Ar	Frieza, calma, lentidão, paciência, teimosia, autossuficiência.
Iemanjá	Água	Maternidade, caráter superprotetor, indiscrição.
Nanã	Água e terra	Sabedoria, senioridade, introspecção, rabugice.
Xangô	Fogo	Majestade, vontade de poder, ganância, voracidade, volúpia.
Oxum	Água	Vaidade, sedução, amorosidade, ganância.
Ogum	Terra	Determinação, inventividade, devoção ao trabalho.
Oxóssi	Terra	Paciência, curiosidade, cuidado da família.
Iansã	Água, ar e fogo	Coragem, independência, espalhafato, sensualidade.

PRANDI, R. *Contos e Lendas Afro-brasileiros*: a Criação do Mundo. São Paulo: Companhia das Letras, 2007. p. 205. (Adaptado).

De acordo com o sociólogo paulista Reginaldo Prandi:

> Acredita-se que os orixás vieram da África acompanhando seus filhos humanos nos navios negreiros e que os seguirão por toda parte, qualquer que seja o caminho tomado pelos homens e pelo próprio mundo.
>
> PRANDI, R. *Contos e Lendas Afro-brasileiros*: a Criação do Mundo. São Paulo: Companhia das Letras, 2007. p. 213.

A hospitalidade umbandista

A fundação do primeiro templo de umbanda no Brasil, em 1908, no Rio de Janeiro, foi marcada pelo encontro de crenças religiosas africanas, indígenas, do catolicismo popular e do espiritismo. Elementos dessas diferentes culturas integram-se harmoniosamente nos símbolos e nas práticas.

Os adeptos dessa religião reconhecem um Criador como fonte universal que se manifesta, no plano material, nas divindades que representam forças da natureza (os orixás), já sincretizadas com os santos católicos.

A umbanda não se organiza a partir de uma associação, de um líder nacional ou de uma teologia definida. Comunga a unicidade de suas crenças na diversidade de conduzir suas práticas, manifestando especificidades à luz das orientações de seus sacerdotes, denominados pais ou mães de santo.

O terreiro, casa, tenda ou templo é o lugar sagrado, onde umbandistas reúnem-se para realizar seus cultos e rituais e comunicar-se com as divindades. Os cultos, denominados **giras**, acontecem em média uma vez por semana e são abertos para a **assistência**, público que frequenta o local.

Nesses lugares sagrados, os umbandistas reúnem-se em grupos, geralmente pequenos, constituindo uma espécie de família, onde realizam os cultos, as festas e demais reuniões, partilhando os conhecimentos da religião. A ideia de **casa** que o lugar sagrado representa revela fortemente um sentido de hospitalidade.

Comumente, os cultos seguem as seguintes etapas: o momento da **abertura** dos trabalhos com cantos, louvores e preces; o **atendimento**, em que ocorrem as consultas, os passes e os benzimentos (dedicados ao próximo e realizados em um espaço que costuma ficar demarcado com plantas, cortinas ou outros elementos, diferente do espaço destinado à assistência). Os atendimentos costumam ocorrer próximo de um altar, onde há imagens e demais objetos rituais. O **fechamento** do culto realiza-se entoando-se cantos e agradecimentos.

> **Fique sabendo**
>
> Assista ao episódio n. 2, *Caminhos de Religação*, da série Negritude e Branquitude: novos olhares, lançado em 2018 pelo Centro de Promoção de Agentes de Transformação (Cepat). Disponível em: https://www.youtube.com/watch?v=NxxwcQX9bu8. Acesso em: 24 ago. 2021.

Templo da Luz Umbandista Estrela de Oxalá, Santo André (SP).

Atividade

- Em grupos, seguindo a mesma lógica da questão inicial proposta por Djamila Ribeiro, escreva como você e seus colegas responderiam à pergunta a seguir: Os brasileiros conhecem o candomblé e a umbanda? Construam uma resposta com base em suas percepções e justifiquem-na.

NO CAMINHO DO TEMA

A memória e os saberes comunitários africanos

As experiências religiosas de matriz africana desenvolvidas na cultura brasileira indicam um pensamento de vida e valores próprios. As religiões afro-brasileiras lutam para preservar sua identidade e história. No candomblé, por exemplo, essa valorização aparece notoriamente no sentido de manter viva a tradição dos antepassados africanos, por meio dos saberes comunitários. Entre esses saberes comunitários, destacamos:

- **A pessoa é pessoa no meio de outras pessoas** ou eu sou porque nós somos. Reconhecido pelo termo *ubuntu*, do grupo linguístico *banto nguni*, esse saber nos ensina que há uma interdependência vital entre os seres humanos, e entre estes e o cosmo. Segundo esse saber: compartilhamos uma igualdade existencial; precisamos estar abertos e disponíveis aos outros; e devemos valorizar a comunidade e as decisões coletivas.
- A **circularidade** revela uma centralidade comum: estar em círculo permite olhar-nos com igualdade, propõe-nos horizontalidade nas relações, possibilitando a comunhão, a socialização, a ludicidade, a musicalidade, a corporeidade. Sentir-se parte da "roda", da "ciranda", convida-nos a desenvolver relações altruístas.
- A **memória** recorda os vínculos filiais, a relação cosmogônica. A reminiscência é identidade, saber ancestral que se compartilha pela oralidade, pelo canto, pela dança, pela música, etc., como um bem comunitário. Nas comunidades de candomblé e umbanda, a mãe e o pai de santo conduzem os rituais e transmitem os ensinamentos, comunicando-os a seus filhos.

Fique sabendo

Manu Maltez, no livro *Cambaco*, apresenta uma narrativa mítica africana que faz o leitor pensar sobre o ciclo da vida e sobre as consequências das ações humanas.

Atividades

1. Sob a orientação do professor, vocês vão se dividir em três grupos. Cada grupo ficará responsável por um dos saberes comunitários acima indicados e terá o desafio de pesquisar um exemplo prático de grupos ou comunidades que, inspirados por esses saberes, pautam modelos de vida nas diferentes áreas da vida social: economia, cultura, arte, educação, religião, entre outras. Compartilhem as descobertas (vídeos, reportagens escritas, páginas de movimentos ou grupos, música, dança, etc.) destacando o que podemos aprender com esses saberes.

2. Leia, a seguir, o mito apresentado e copie as frases que mais chamem sua atenção.

A cabaça da criação

Olorum, senhor do céu, foi quem criou tudo: as árvores, os rios, os bichos.

Mas, num certo dia, ele se sentiu muito sozinho e, por isso, resolveu criar seres iguais a ele. Então ele inventou a cabaça da criação.

Usou argila, moldou, fez que fez e refez, tornou a moldar. Até que percebeu que não era capaz de fazer os seres sozinho, que precisava de ajuda para dar vida. E essa ajuda ele pediu às Ya Mi, "as mães ancestrais".

As Ya Mi eram poderosas e temidas feiticeiras, donas dos pássaros que cumpriam suas ordens. Elas traziam dentro de si a força feminina, que, assim como a terra, abraça, guarda e protege a semente até que esteja pronta para germinar.

E juntos eles trabalharam: as Ya Mi cuidavam da cabaça da criação, e Olorum dava o sopro que semeava a vida. Um completava o outro. É por tudo isso que Olorum decidiu dar a todas as outras mulheres o poder de gerar os seres humanos.

As mulheres, enquanto geravam os seres, brincavam de fazer bonecos. Nessa brincadeira, elas colocavam todos os seus sonhos, pois acreditavam que quanto mais bonitos e bem costurados fossem esses bonecos, mais belos seriam os seres que iriam gerar. Seus bonecos eram de todos os tipos, tamanhos e cores. Foi assim que elas criaram as diferentes raças e nações.

Sentadas, de pernas abertas, elas preservaram a vida.

História adaptada por Erika Coracini e Verlucia Nogueira, a partir do mito das Ya Mi e da criação do mundo, do livro *Mitologia dos Orixás* (Companhia das Letras), de Reginaldo Prandi. Fonte: MINICONTO: a cabaça da criação. *Folhinha – dicas e reportagens*, 29 nov. 2008. Disponível em: https://www1.folha.uol.com.br/folhinha/dicas/di29110810.htm. Acesso em: 24 ago. 2021.

3. Após a leitura do mito, responda:

I. Qual mensagem esse texto da mitologia africana expressa?

II. Quais marcas sobre o **feminino** aparecem nesse mito?

III. Em grupo, pesquisem sobre o feminino nas tradições religiosas africanas e afro-brasileiras. Depois, busquem nomes de mulheres representativas dessa identidade, destacando seu protagonismo social. Cada grupo pode aprofundar-se na pesquisa sobre uma dessas mulheres e organizar uma apresentação para a turma.

INQUIETAÇÕES QUE FICAM

O sincretismo afro-brasileiro

Reginaldo Prandi escreveu sobre a formação do sincretismo afro-brasileiro. Leia o trecho a seguir.

> Os negros que instituíram no Brasil o candomblé e outras religiões de origem africana eram, por força da sociedade da época, também católicos. Acabaram por estabelecer paralelos entre as duas religiões, identificando orixás com santos católicos, quando não com o próprio Filho de Deus dos cristãos ou sua mãe, a Virgem Maria. A isso se deu o nome de sincretismo afro-brasileiro.
>
> PRANDI, R. *Contos e Lendas Afro-brasileiros*: a Criação do Mundo. São Paulo: Companhia das Letras, 2007. p. 188.

Esse sincretismo manifestou-se historicamente nas associações orixá-santo, possibilitando a tradução da palavra **orixá** pela palavra **santo**. No sincretismo, o Deus judaico-cristão corresponde a Olorum e Olodumare, e o diabo corresponde à figura de Exu, que também é relacionado ao anjo Gabriel. A seguir, apresentamos outros exemplos desse sincretismo.

Orixá	Sincretismo católico
Oxalá	Jesus Cristo
Iemanjá	N. Sra. da Conceição, N. Sra. dos Navegantes
Nanã	Santa Ana
Xangô	São Jerônimo, São João, São Pedro
Oxum	N. Sra. das Candeias, N. Sra. da Conceição, N. Sra. Aparecida
Ogum	Santo Antônio, São Jorge
Oxóssi	São Sebastião, São Jorge
Iansã	Santa Bárbara

PRANDI, R. *Contos e Lendas Afro-brasileiros*: a Criação do Mundo. São Paulo: Companhia das Letras, 2007. p. 191. (Adaptado).

Festa de São Benedito, em Poços de Caldas (MG). São Benedito é associado no sincretismo religioso ao orixá Ossain.

38

Atividades

1. O sincretismo religioso afro-brasileiro é visível em diferentes regiões do país, nas festas dos santos. Considerando isso:

    I. reúna-se com alguns colegas e, sob a orientação do professor, pesquisem uma dessas festas;

    II. realizem na classe uma exposição oral sobre a festa escolhida, integrando imagens, vídeos e/ou músicas.

2. **O brasileiro conhece o Brasil?**

    Você se lembra dessa pergunta, na página 33, a que Djamila Ribeiro respondeu? Com base nessa provocação e no percurso realizado nesta unidade, convidamos você a uma atividade em grupo. Com seus colegas, sigam os passos e divirtam-se nesta experiência.

    I. Em grupos de quatro a cinco estudantes, tentem responder à pergunta **"O brasileiro conhece o Brasil?"**. Procurem registrar o maior número de respostas possíveis, elencando exemplos que as justifiquem.

    II. Reúnam-se com os outros grupos e compartilhem as respostas e os exemplos elencados. Escolham juntos uma dessas respostas, que servirá como tema para que cada grupo se aprofunde.

    III. Agora, novamente nos grupos, pesquisem sobre essa resposta-tema. Busquem compreender as causas dessa falta de conhecimento, bem como as implicações que isso traz. Em seguida, sintetizem as principais informações sobre essa resposta-tema.

    IV. Com base nas informações obtidas, organizem um roteiro para gravar um episódio de *podcast* sobre a resposta-tema. Atribuam um título para o episódio. Sugerimos que o episódio tenha uma duração de três a quatro minutos. Sejam criativos na gravação e lembrem-se de iniciar mencionando o título da série do *podcast* da turma.

    Título da série de *podcast*:
    O BRASILEIRO CONHECE O BRASIL?

    V. Novamente na turma e com o apoio do professor, decidam a sequência dos episódios e pensem em estratégias de divulgação, como:
    - vídeos, *post* de divulgação em redes sociais;
    - gravação de um episódio-convite para anunciar ao público sobre o início da série.

    VI. Agora, finalmente, desfrutem, em turma, da produção realizada e comemorem a experiência!

Olá, caros ouvintes. Este é mais um episódio da série *O brasileiro conhece o Brasil?*. O episódio de hoje é "O sincretismo afro-brasileiro".

39

NA TRAVESSIA DO PROJETO DE VIDA

Nesta unidade, você conheceu um pouco mais sobre as experiências religiosas de matriz afro-brasileira. Trata-se de religiões que guardam muitas memórias, transmitidas entre povos que, mesmo distantes de suas terras, não perderam conexão com suas crenças e sua cultura. Ainda nesta unidade, pudemos dialogar sobre a importância de conhecermos, como povo, nossa história, nossas origens e nossas tradições.

Na travessia do projeto de vida, refletir sobre nossas origens familiares também é muito importante, permitindo que nos tornemos mais íntimos de nós mesmos, por meio do autoconhecimento e da autoaceitação.

Nossas histórias pessoais, com todas as suas marcas, alegrias e dores, contêm muito de nossa identidade. Esse aspecto tão fundamental ligado à elaboração do projeto de vida faz que possamos reconhecer que cada interesse, ideia ou projeto que assumimos tem como pano de fundo as variadas experiências pessoais, os diversos aprendizados e acontecimentos que marcaram nossa história pessoal. Ao olharmos para nossa história, podemos avançar com mais coragem rumo ao futuro, conscientes do que queremos preservar e do que precisamos superar para sermos quem desejamos ser.

1 Compartilhando as primeiras ideias

Em trios e com o apoio do professor, vocês vão elaborar uma entrevista para que conheçam a história de vida e as memórias de alguém. Primeiramente, escolham quem vão entrevistar e, em seguida, elaborem o roteiro de perguntas para essa entrevista.

Sugerimos a vocês que utilizem a técnica da história oral, uma metodologia de pesquisa em que a pessoa narra sua vida através do tempo, com base nas perguntas, reconstruindo os acontecimentos importantes e transmitindo a experiência por ela vivenciada e, em vez de anotarmos, gravamos o que é contado.

Sugestões de perguntas para a entrevista:

- Qual é seu nome? Quando e onde você nasceu?
- Você pode descrever o lugar onde morava/mora quando era criança? De que você mais se recorda desse lugar naquela época?
- Quais recordações você guarda de sua infância e adolescência com seus pais?
- Quem foram os amigos que marcaram sua vida? Que memórias afetivas você carrega deles?
- Você tem irmãos? Como eles são? Como era sua relação com eles quando era criança e adolescente?
- Você conviveu com seus avós? Conte algo que você se lembre deles.
- Quais familiares foram mais importantes para você quando você era criança?
- Você se recorda de alguma dificuldade vivida por sua família quando era criança ou adolescente?
- Quais eram os hábitos de sua família em datas festivas, como Natal e aniversários, no passado? Esses hábitos continuam na atualidade?
- Agora fale um pouco sobre sua vida hoje. Com quem e onde mora? O que faz? O que mais desejar contar?

2. Aprofundando o olhar

Após concluir as entrevistas, cada trio deverá criar um modo de contar essas histórias de vida. Usem a criatividade, produzindo, por exemplo, uma história em quadrinhos; um poema, que pode ser de cordel; um minidocumentário; uma peça de teatro; uma música; etc. Analisando as apresentações dos trios, conversem na turma sobre:

I. Qual é a importância de conhecer nossa história de vida?
II. O que vocês consideraram mais marcante nas histórias que ouviram dos entrevistados?

3. Dando passos na travessia do projeto de vida

I. Agora, individualmente, você construirá sua árvore da vida, como uma expressão gráfica de sua história. A árvore da vida é um símbolo considerado sagrado, em diferentes culturas e épocas, como entre os maias e os hebreus. Seu significado mais comum é a representação do ciclo de vida e a ligação entre terra e céu.

II. Com base na metáfora da árvore, procure estabelecer conexões entre os diferentes eventos de sua vida, as diversas pessoas que conheceu e as realidades experimentadas por você, que influenciaram quem e como você é hoje. Para ajudá-lo, responda às perguntas usadas na entrevista anterior.

Árvore da vida.

- Em uma folha, desenhe uma árvore que represente sua vida.

- No solo onde está a árvore, registre o contexto (o chão) em que você e sua família viveram e/ou vivem. Registre as características da cidade, do bairro e da época em que você nasceu. Perceba as dificuldades e os privilégios desse contexto.

- Nas raízes, descreva as principais tradições culturais e religiosas que você recebeu de sua família. Registre também as heranças biológicas (por exemplo: cor e textura do cabelo, cor da pele, altura, etc.) e psicológicas.

- No caule, descreva os principais valores, hábitos e saberes que você traz de sua família.

- Nos galhos e nas folhas, descreva acontecimentos, lembranças, locais e pessoas marcantes para sua memória pessoal.

III. Concluído seu desenho, compartilhe com um colega os aspectos relacionados à árvore da vida de vocês.

Unidade 4
Entre Ocidente e Oriente

O que significa a divisão entre o Oriente e o Ocidente?

- Por que ouvimos falar de tradições religiosas orientais e de tradições religiosas ocidentais? Qual é o sentido dessas expressões?
- Quais ensinamentos marcam a experiência de fé das tradições religiosas orientais e das ocidentais?

PARA INÍCIO DE CONVERSA

O hinduísmo, o budismo, o confucionismo, o taoismo, o xintoísmo, entre outras, são algumas das religiões e/ou filosofias de vida que manifestam um pensamento religioso peculiar. Com uma sabedoria milenar, essas religiões buscam conduzir seus seguidores para encontrar o Caminho da Luz. Trata-se de tradições religiosas que ensinam a valorização da interioridade, a busca da sabedoria e a prática das virtudes, como referências de uma vida feliz.

Já o judaísmo, o islamismo e o cristianismo, religiões monoteístas, ensinam que Deus fez uma aliança com seu povo, que as Escrituras são palavras de Deus, e que Ele está presente na história e age na vida de seus filhos e filhas. Deus é a verdade, o caminho e a vida. Essas tradições religiosas revelam uma fé profunda em Deus, com confiança em seus ensinamentos e buscando segui-los na esperança de alcançar a salvação. O testemunho de amor a Deus e ao próximo apresenta-se como o caminho da virtude.

Atividade

- Leia a tira, analise o diálogo entre as personagens e explique o que ocorre no final.

Curiosidade filosófica

Sobre se existe ou não a divisão entre Oriente e Ocidente, leia um trecho com algumas reflexões do teólogo e filósofo português **Anselmo Borges**.

O Sol nasce, o Sol se põe

Quando se fala em diálogo Oriente-Ocidente, é preciso, à partida, perguntar o que se entende por Ocidente e Oriente [...].

Neste diálogo, supõe-se que há dois espaços bem delimitados, nomeadamente nos domínios cultural e religioso, assentes como que em dois pilares, sobre os quais o diálogo estabeleceria uma ponte. Mas, de fato, uma vez que a Terra é redonda, onde é o Oriente? Onde é o Ocidente? Afinal, Oriente e Ocidente são móveis e só em relação se entendem, devendo esta consideração despertar-nos para a relatividade destes conceitos e prevenir-nos contra a tentação de pretensas superioridades.

BORGES, Anselmo. *Diário de Notícias* (Portugal). Disponível em: https://www.dn.pt/arquivo/2007/dialogo-oriente-ocidente-662072.html. Acesso em: 3 set. 2021.

1. Como as reflexões de Anselmo Borges ajudam-nos a pensar sobre o diálogo inter-religioso?
2. Qual alerta ele nos faz a respeito desse diálogo?

PRIMEIROS PASSOS

O pensamento religioso oriental e o pensamento religioso ocidental

A contextualização inicial aqui apresentada tem como objetivo aproximá-lo do pensamento das religiões orientais e ocidentais. É importante que você não compreenda essas informações com a intenção de comparar as religiões, supervalorizando uma ou inferiorizando outra, pois a classificação que fizemos entre pensamento religioso oriental e pensamento religioso ocidental é meramente didática. Religiões como o islamismo, o judaísmo e o cristianismo, tidas como ocidentais pela influência delas na cultura ocidental, surgiram em territórios convencionados como orientais.

Pensamento religioso oriental	Pensamento religioso ocidental
História	

• Visão cíclica: a história repete-se num ciclo eterno. • O mundo dura de eternidade a eternidade.	• Visão linear: a história tem um começo, um meio e um fim. • O mundo foi criado em certo ponto e um dia esta história terá um fim. • Está presente a ideia de um juízo final (ligada ao conceito de tempo).

Deus

• O divino está presente em tudo. • Deus manifesta-se em várias formas e em diversas épocas. • Deus é uma forma impessoal que permeia tudo e todos.	• Deus é o criador, é todo-poderoso e é o único. • É preciso haver um ato de fé para admitir a transcendência. • Deus é concebido como o Altíssimo, que governa o mundo por leis divinas repassadas aos seres humanos.

Ser humano

• O ser humano pode alcançar a união com o divino mediante a iluminação. • O caminho da iluminação é o conhecimento. • Os contrários, os diferentes, complementam-se e harmonizam-se.	• Há uma separação entre Deus e o ser humano. • O ser humano é o filho de Deus, deve observar a vontade Dele.

Culto

• Valorizam-se as práticas de meditação e sacrifício.	• São predominantes as práticas de orações, pregações e louvores.

44

Salvação

- A salvação é libertar-se do eterno ciclo da reencarnação, é fugir da ignorância.
- A salvação dá-se por meio dos atos de sacrifício ou do conhecimento místico.
- A interioridade é privilegiada; a solução não está fora, mas dentro da própria pessoa.

- Deus redime o ser humano do pecado, julga-o e oferece-lhe a salvação.
- Existe a noção de vida após a morte, no céu ou no inferno.
- A vivência religiosa parte da ideia da exterioridade.
- As soluções para os problemas vêm sempre de fora.

Ética

- Buscar sempre a sabedoria.
- Fugir da ilusão do mundo, causa do sofrimento.

- A pessoa é instrumento da ação divina e deve seguir a vontade de Deus.
- O pecado e a passividade diante do mal devem ser abandonados.

Ciência

- O universo é considerado na perspectiva dos aspectos internos.
- O visível deriva do invisível.
- O cosmo é uma realidade orgânica, inseparável, em eterno movimento, espiritual e material ao mesmo tempo.
- Visão holística (compreender a parte pelo todo).
- Privilegiam-se a intuição e o misticismo, os quais fazem parte da vida.

- O universo é considerado na perspectiva dos aspectos externos.
- A realidade é percebida como fatos.
- Há uma visão dualista e mecanicista do mundo, do ser humano e da vida.
- Reducionismo científico (compreender o todo pelas partes).
- Privilegia-se a razão e o misticismo está distante da ciência.

OLIVEIRA, L. B. de *et al. Ensino religioso*: fundamentos e métodos. São Paulo: Cortez, 2007. p. 93-94. (Adaptado).

Atividade

- Dividam-se em sete grupos e definam um elemento para cada grupo: história, Deus, ser humano, culto, salvação, ética ou ciência. O grupo precisará investigar sobre esse elemento no pensamento religioso oriental e no pensamento religioso ocidental, explicando seu sentido e citando exemplos de algumas tradições religiosas ou filosofias de vida. Depois, com o apoio do professor, organizem um seminário para a socialização das descobertas.

NO CAMINHO DO TEMA

Conhecendo algumas religiões e filosofias de vida

As características anteriores manifestam-se nas religiões e nas filosofias de vida orientais e ocidentais de diferentes formas em termos de rituais, de textos, de símbolos, entre outras. No Brasil, o cristianismo, por exemplo, é praticado em uma gama diversa de igrejas.

As atividades a seguir vão aproximá-lo, ainda mais, da diversidade cultural e religiosa de nosso país. Aproximar-se da riqueza desses conhecimentos religiosos, além de permitir conhecer e valorizar essa diversidade, traz ensinamentos para compreender a vida e promover o autoconhecimento.

Atividades

1. Reúna-se em duplas ou trios e, sob a orientação do professor, pesquisem sobre uma das religiões e filosofias de vida a seguir.

- Hinduísmo
- Budismo
- Confucionismo
- Taoismo
- Xintoísmo
- Hare Krishna
- Fé Bahá'í
- Seicho-No-Ie
- Ordem Rosacruz
- Islamismo
- Judaísmo
- Espiritismo
- Assembleia de Deus
- Testemunhas de Jeová
- Igreja Adventista do Sétimo Dia
- Igreja Batista
- Igreja Evangélica Luterana do Brasil
- Igreja Presbiteriana do Brasil
- Igreja do Evangelho Quadrangular
- Congregação Cristã do Brasil
- Igreja Universal do Reino de Deus
- Igreja Pentecostal Deus é Amor
- Igreja Católica Apostólica Brasileira
- Igreja Cristã Maranata
- Igreja Metodista
- Igreja de Jesus Cristo dos Santos dos Últimos Dias
- Igreja O Brasil Para Cristo
- Igreja Católica Ortodoxa

Dividam-se em duplas ou trios de forma a abranger o maior número de itens.

2. Elaborem um relatório sobre as descobertas feitas por vocês e apresentem-no ao professor, aproveitando o momento para o esclarecimento de possíveis dúvidas. Em seguida, conversem com a turma a respeito do que descobriram.

3. Com as informações obtidas por vocês na pesquisa, produzam uma reportagem em vídeo sobre a religião ou a filosofia de vida escolhida. O vídeo produzido pelo grupo deve:

ser curto

ter imagem e áudio de qualidade

ser dinâmico

ser criativo

4. Combinem com a turma e com o professor o dia da exposição dos vídeos. Nesse dia, conversem sobre o conteúdo deles, destacando o que mais lhes chamou a atenção sobre as descobertas que fizeram.

5. Após essa socialização, verifiquem com o professor a possibilidade de divulgar os vídeos em alguma mídia da escola.

INQUIETAÇÕES QUE FICAM

Onde está a sabedoria? Qual é o caminho da virtude?

Para apoiar você no desafio de refletir sobre essas questões, apresentamos alguns saberes cultivados por tradições religiosas na busca da sabedoria e da virtude, com base em textos sagrados.

O conhecimento transcendental na sabedoria milenar do hinduísmo

Fique sabendo

O escritor alemão Hermann Hesse (1877-1972) publicou, em 1922, *Sidarta*, um romance que conta passagens da experiência que ele teve na Índia, em 1911. A obra é reconhecida por sua importância filosófica para a existência humana.

A vida no mundo e a vida no espírito não são incompatíveis. O trabalho, ou a ação, não é contrário ao conhecimento de Deus, porém, na verdade, se realizado sem apego, é um instrumento para ele. Por outro lado, a renúncia significa renúncia do ego, do egoísmo – não da vida. A finalidade, tanto do trabalho como da renúncia, é conhecer o Eu interiormente e Brahman exteriormente, e perceber sua identidade. O Eu é Brahman, e Brahman é tudo. (I, Isha, p. 10).

O segredo da imortalidade é encontrado na purificação do coração, na meditação, na realização da identidade do Eu interiormente e de Brahman exteriormente. Pois a imortalidade é simplesmente a união com Deus. (III, Katha, p. 16).

O sábio deve distinguir entre conhecimento e sabedoria. O conhecimento está ligado a coisas, ações e relações. Porém a sabedoria está ligada apenas a Brahman; e além de todas as coisas, ações e relações, ele permanece para sempre. Tornar-se uma coisa só com ele representa a única sabedoria. (V, Mundaka, p. 28).

Os UPANISHADS. *Sopro Vital do Eterno*. Tradução: Swami Prabhavananda e Frederick Manchester. 1. ed. São Paulo: Pensamento, 2000.

O caminho do meio do budismo

274. Este é o único caminho; não há outro para a purificação da visão introspectiva. Trilha este caminho, e confundirás *Mara* [tentação].

275. Ao ir neste caminho porás fim ao sofrimento. [...]

276. Vocês próprios devem esforçar-se; os Buddhas só apontam o caminho. Aqueles que meditam e trilham o caminho ficam livres dos laços de *Mara*.

Dhammapada. *O Caminho da Sabedoria do Buda*. Tradução do pāli para o inglês: Acharya Buddharakkhita. Tradução portuguesa: Bhikkhu Dhammiko. Portugal: Budismos Theravada da Floresta, 2013.

"Aquele que nesta vida compreende por si mesmo o fim do sofrimento, que deixou de lado o fardo e se libertou – a esse chamo de homem santo". (Brahmanavagga: O Homem Santo, 402.)

48

O caminho da virtude do Taoismo

Quem conhece os homens é inteligente
Quem conhece a si mesmo é iluminado
Vencer os homens é ter força
Quem vence a si mesmo é forte
Quem sabe contentar-se é rico
Agir fortemente é ter vontade
Quem não perde a sua residência, perdura
Quem morre mas não perece, eterniza-se.

Tao Te Ching – o Livro do Caminho e da Virtude (Dào Dé Jing), de autoria de Lao-Tsé. Tradução direta do chinês e comentários: Wu Jyh Cherng. Rio de Janeiro: Mauad X, 2011.

O caminho da virtude no Alcorão

A virtude não consiste só em que orienteis vossos rostos até ao levante ou ao poente. A verdadeira virtude[112] é a de quem crê em Allah,[113] no Dia do Juízo Final, nos anjos, no Livro e nos profetas; de quem distribui seus bens em caridade por amor a Allah,[114] entre parentes, órfãos, necessitados, viajantes sem recursos, mendigos e em resgate de cativos (escravos). Aqueles que observam a oração, pagam o zakat [parte da renda que cada muçulmano destina à caridade. É uma das obrigações que compõem os cinco pilares do islamismo], cumprem os compromissos contraídos, são pacientes na miséria e na adversidade, ou durante os combates, esses são os verazes, e esses são os tementes (a Allah).

---

[112] Descreve a pessoa de conduta reta e temente a Allah, que obedece aos preceitos e está com o olhar fixo no amor a Allah e no amor ao próximo. São-nos fornecidos quatro seguimentos: (1) nossa fé deverá ser verdadeira e sincera; (2) devemos estar preparados para demonstrá-la em atos de caridade para com nossos irmãos; (3) devemos ser bons cidadãos e apoiar a organização social; e (4) nossa própria alma individual deverá ser firme e inabalável em todas as circunstâncias. Todas essas coisas estão interligadas, e, contudo, podem ser vistas separadamente.

[113] A fé não é meramente um jogo de palavras. Devemos estar cônscios da presença e da bondade de Allah. Quando fazemos isso vemos as falsidades das coisas e não deixamos que nos escravizem, pois vemos o Último Dia como se fosse hoje. Vemos ainda Allah atuando no Seu mundo e em nós. Seus anjos, Seus mensageiros e a Sua mensagem não mais estão longe de nós, mas encontram-se dentro da nossa experiência.

[114] Os atos práticos de caridade só têm valor quando procedem do amor, e não levados por outro motivo.

O SIGNIFICADO dos Versículos do Alcorão Sagrado. Versão portuguesa diretamente do árabe. Tradução: Samir El Hajek. São Paulo: MarsaM Editoria Jornalística, 2016.

Atividades

1. Após ter lido alguns saberes cultivados por diversas tradições religiosas, retome a leitura e copie as mensagens que você considera que podem ajudá-lo em sua vida.

2. Em grupos, compartilhem com seus colegas as mensagens copiadas e conversem sobre os ensinamentos que a tradição religiosa de vocês transmite para buscar a sabedoria e a virtude.

NA TRAVESSIA DO PROJETO DE VIDA

Da mesma forma que as variadas religiões buscam conduzir o ser humano no caminho da virtude e da sabedoria, na travessia do projeto de vida também procuramos buscar esse caminho.

1 Compartilhando as primeiras ideias

As virtudes são a disposição moral de uma pessoa que a levam a ter uma boa ação no mundo, guiada por seus valores e motivações. Assim, as virtudes, inspiradas por valores culturais, familiares, religiosos e pessoais, são hábitos, condutas e atitudes concretas que nos colocam a serviço do bem. Nossas decisões são, em geral, motivadas por valores e virtudes, que nos orientam sobre o que parece correto ou inadequado, justo ou injusto. Diante disso, vocês vão realizar o que vem a seguir.

I. O professor irá fornecer uma lista de valores e virtudes a vocês. Em grupos, reorganizem essa lista estabelecendo uma hierarquia entre eles, de acordo com o que o grupo considera mais e menos importante.

II. Construam uma pirâmide com base nessa hierarquia, colocando o mais importante no topo.

III. Ao terminar, comparem o resultado com o obtido por outros grupos e conversem a respeito, com a orientação do professor.

2 Aprofundando o olhar

I. Leiam um trecho do texto "Sonhos para adiar o fim do mundo", de Ailton Krenak.

Quando pergunto se somos mesmo uma humanidade é uma oportunidade de refletirmos sobre a sua real configuração. Se ela convoca nossas redes e conexões desde a Antiguidade. Se a contribuição que aquele pessoal nas cavernas deu ao inconsciente coletivo – esse oceano que nunca se esgota – se liga com os nossos terminais aqui, nessa era distante. Se, em vez de olharmos nossos ancestrais como aqueles que já estavam aqui há

Ailton Krenak, líder indígena, ambientalista, filósofo e escritor.

muito tempo, invertermos o binóculo, seremos percebidos pelo olhar deles. Sidarta Ribeiro traz uma revelação muito interessante: que as cenas de caça nas pinturas rupestres podem não estar registrando apenas atividades cotidianas, mas falando de sonhos. Sempre fomos capazes de observar uma diferença entre a experiência desperta e o mundo dos sonhos, então decerto conseguimos trazer para a vigília histórias desse outro mundo. O tipo de sonho a que eu me refiro é uma instituição. Uma instituição que admite sonhadores. Onde as pessoas aprendem diferentes linguagens, se apropriam de recursos para dar conta de si e do seu entorno. O entorno de um caçador, por exemplo, é aquele que aparece nos desenhos das cavernas de 20 mil, 30 mil anos atrás. Os sonhos de alguém que está hoje preocupado com cataclismas, com a tragédia ambiental do planeta, podem ser mais parecidos com os de um pajé Xavante, como aquele que me chamou, quarenta anos atrás, na Serra do Roncador. Ali, próximo ao Xingu, na terra indígena Pimentel Barbosa, vivia um senhor chamado Sibupá. Um dia, esse ancião chamou seus sobrinhos de adoção – eu entre eles – e nos disse: "Eu tive um sonho em que o espírito da caça estava muito bravo e dizia que eu era um irresponsável, que eu não estava cuidando bem dos espíritos dos bichos, que os waradzu (os brancos) estavam predando tudo e logo acabaria a caça e as pessoas não teriam mais o que comer". Na visão daquele pajé, que os jovens foram convocados a partilhar, a terra ficaria desolada. Foi ali que eu atinei que tinha algo na perspectiva dos povos indígenas, em nosso jeito de observar e pensar, que poderia abrir uma fresta de entendimento nesse entorno que é o mundo do conhecimento.

KRENAK, Ailton. *A vida não é útil*. São Paulo: Companhia das Letras, 2020. P. 33-36.

Quando pensamos na possibilidade de um tempo além deste, estamos sonhando com um mundo onde nós, humanos, teremos que estar reconfigurados para podermos circular. Vamos ter que produzir outros corpos, outros afetos, sonhar outros sonhos para sermos acolhidos por esse mundo e nele podermos habitar. Se encararmos as coisas dessa forma, isso que estamos vivendo hoje não será apenas uma crise, mas uma esperança fantástica, promissora.

KRENAK, Ailton. *A vida não é útil*. São Paulo: Companhia das Letras, 2020. P. 47.

II. Quais ideias do texto mais chamaram a atenção de vocês?
III. Quais virtudes e saberes estão presentes na visão trazida pelo autor?
IV. Qual é a relação do sonho tido pelo pajé com nossa realidade?

3 Dando passos na travessia do projeto de vida

I. Agora, individualmente, retome a pirâmide de valores e virtudes construída em grupo na primeira parte. No caderno, registre essa pirâmide, fazendo alterações de acordo com sua visão. Como você tem vivido esses valores e virtudes? Como as pessoas de sua família os têm vivido?

II. Em seguida, tome nota de quais atitudes e ações concretas você pode assumir em seu projeto de vida para vivenciar esses valores e virtudes. Coloque as ações numa escala de tempo, indicando quais atitudes e ações concretas podem ser assumidas por você no momento presente; daqui a um ano; e daqui a três anos.

III. Guarde seu caderno e retome-o sempre que quiser acrescentar algo. Esse exercício vai ajudá-lo a perceber os valores e as virtudes que você pretende cultivar em sua vida.

Oficina de projeto de vida

A alteridade e as relações interpessoais

1. Ideias para pensar

Por meio do **outro**, sabemos mais sobre nós, pois, ao depararmo-nos com quem não somos, reconhecemos diferenças e peculiaridades que nos constituem, nos individualizam e nos singularizam. Diante do outro, percebemo-nos num encontro de singularidades. Se estivéssemos a sós no mundo, não poderíamos nos reconhecer como pessoa, já que o outro nos humaniza.

Assim, ao pensar em nossos projetos de vida e nas relações que estruturam nossa presença no mundo, é fundamental reconhecermos que não estamos sós. Quanto mais olhamos para nossa história de vida, para nossa identidade em construção e para os projetos que temos para o futuro, mais percebemos a presença das outras pessoas a nosso redor. Vemo-nos cercados de outras individualidades, que nos interpelam, que nos convocam ética e moralmente a agir no mundo em relação.

Segundo o filósofo Emmanuel Levinas, o outro apresenta-se diante de nós e situa-nos diante das responsabilidades éticas e morais da vida em sociedade. Levinas diz que:

> [...] o rosto é o que nos proíbe de matar. O "tu não matarás" é a primeira palavra do rosto. Ora, é uma ordem. Há no aparecer do rosto um mandamento, como se algum senhor me falasse. Apesar de tudo, ao mesmo tempo o rosto de outrem está nu; é o pobre por quem posso dar tudo, a quem tudo devo. E eu, que sou eu, mas enquanto "primeira pessoa", sou aquele que encontra processos para responder ao apelo.
>
> [...] entendo a responsabilidade como responsabilidade por outrem, portanto, como responsabilidade por aquilo que não fui eu que fiz, ou não me diz respeito; ou que precisamente me diz respeito, é por mim abordado como rosto. [...] positivamente, diremos que, desde que o outro me olha, sou por ele responsável, sem mesmo ter de assumir responsabilidades a seu respeito; a sua responsabilidade incumbe-me. É uma responsabilidade que vai além do que faço. [...] a subjetividade não é um para si; ela é, mais uma vez, inicialmente para o outro.
>
> [...] O laço com outrem só se aperta como responsabilidade, quer esta seja, aliás, aceite ou rejeitada, se saiba ou não como assumi-la, possamos ou não fazer qualquer coisa de concreto por outrem. Dizer: eis-me aqui. Fazer alguma coisa por outrem. Dar. Ser espírito humano é isso.
>
> LEVINAS, Emmanuel. *Ética e infinito*. Lisboa: Edições 70, 1982.

Observe, então, que, para Levinas, o rosto é a expressão do outro, sua manifestação; não se trata, portanto, das características físicas do rosto. Não é uma abordagem estética, mas ética.

Alteridade e reconhecimento

Alteridade, no *Dicionário de Filosofia*, de Nicola Abbagnano (São Paulo: Mestre Jou, 2007), significa: "ser outro, colocar-se ou constituir-se como outro". A alteridade, assim, refere-se a algo que é distinto de nós, mas também trata do exercício de assumir a posição do outro, numa atitude empática que pode realizar-se na relação interpessoal. Essa capacidade de colocar-se no lugar do outro pode possibilitar o reconhecimento, que é o meio pelo qual podemos formar nossa identidade e nosso papel no mundo.

O filósofo Axel Honneth, em seu livro *Luta por reconhecimento*: a gramática moral dos conflitos sociais (São Paulo: Editora 34, 2009), reflete que as lutas sociais acontecem em busca de **reconhecimento** intersubjetivo, já que nem os indivíduos, nem os grupos sociais podem formar sua identidade sem serem reconhecidos. Seja nos ambientes das relações privadas, seja no ambiente das relações de trabalho, políticas e jurídicas, o não reconhecimento produz prejuízos psíquicos e sociais aos indivíduos e aos grupos sociais. Hoje, muitos grupos sociais lutam por serem reconhecidos socialmente em suas identidades.

Seres de relações

Familiares, amigos e amigas, colegas, namorado, namorada... são muitas as pessoas com quem mantemos relações ao longo do tempo. Os relacionamentos interpessoais são alicerce da vida. Desde o nascimento, o ser humano é dependente de outros seres humanos para sua sobrevivência. Aos poucos, outras pessoas vão ajudando-nos a crescer à medida que nos oferecem apoio emocional e objetivo. Nossa família é esse primeiro grupo com o qual nos relacionamos afetivamente, mas, conforme vamos crescendo, nosso círculo de relações aumenta e a cada evento da vida somos rodeados de novas pessoas com as quais precisamos interagir.

O fato de sermos seres de relações, sem as quais nem sequer sobreviveríamos, não as torna um fenômeno natural e fácil. As relações sociais são resultado de interações culturais complexas, e são muitos os fatores envolvidos nessa complexidade, como o preconceito, a desconfiança, a competitividade, a indiferença, a falta de empatia. Por outro lado, é nelas que podemos experimentar a cooperação, a confiança, a compaixão, a acolhida. Tudo isso mostra-nos que precisamos estar sempre atentos ao modo como estabelecemos relações.

Muitos de nossos projetos dependerão de nossas habilidades comportamentais para desenvolvermos boas relações. Será assim na universidade, no mundo do trabalho, na constituição de uma nova família. Ao mesmo tempo, uma sociedade mais justa e acolhedora também depende de pessoas que sejam capazes de desenvolver relacionamentos interpessoais justos, acolhedores, éticos.

2. Exercícios para colocar em prática

A liberdade de ver os outros

Leia um trecho de um texto do escritor estadunidense David Foster Wallace e converse com seus colegas sobre a ligação que há entre esse trecho e as ideias discutidas até aqui, com base nas seguintes questões:

a. Como vocês se sentem diante dessas ideias colocadas pelo autor?

b. De que forma essas ideias ligam-se com a vida de vocês e com a vida na sociedade em que vivemos?

c. Elas inspiram a pensar na forma como vocês desejam construir a liberdade e os relacionamentos em seu projeto de vida? Explique.

[...] Boa parte das certezas que carrego comigo acabam se revelando totalmente equivocadas e ilusórias. Vou dar como exemplo uma de minhas convicções automáticas: tudo à minha volta respalda a crença profunda de que eu sou o centro absoluto do universo, de que sou a pessoa mais real, mais vital e essencial a viver hoje. Raramente mencionamos esse egocentrismo natural e básico, pois parece socialmente repulsivo, mas no fundo ele é familiar a todos nós. Ele faz parte de nossa configuração padrão, vem impresso em nossos circuitos ao nascermos.

Querem ver? Todas as experiências pelas quais vocês passaram tiveram, sempre, um ponto central absoluto: vocês mesmos. O mundo que se apresenta para ser experimentado está diante de vocês, ou atrás, à esquerda ou à direita, na sua tevê, no seu monitor, ou onde for. Os pensamentos e sentimentos dos outros precisam achar um caminho para serem captados, enquanto o que vocês sentem e pensam é imediato, urgente, *real*. Não pensem que estou me preparando para fazer um sermão sobre compaixão, desprendimento ou outras "virtudes". Essa não é uma questão de virtude – trata-se de optar por tentar alterar minha configuração padrão original, impressa nos meus circuitos. Significa optar por me libertar desse egocentrismo profundo e literal que me faz ver e interpretar absolutamente tudo pelas lentes do meu ser. [...]

A liberdade verdadeira envolve atenção, consciência, disciplina, esforço e capacidade de efetivamente se importar com os outros – no cotidiano, de forma trivial, talvez medíocre, e certamente pouco excitante. Essa é a liberdade real. [...]

WALLACE, David Foster. A liberdade de ver os outros. *Piauí*, 25 out. 2008. Disponível em: https://piaui.folha.uol.com.br/materia/a-liberdade-de-ver-os-outros/. Acesso em: 22 out. 2021.

Redes sociais e cancelamento: quando o rosto do outro não aparece

Atualmente, as redes sociais são espaços em que acontecem muitas das interações humanas. Parte de nossos relacionamentos interpessoais é mediada pelas tecnologias digitais, nas quais nos apresentamos uns aos outros e estabelecemos relações com pessoas próximas ou distantes.

Um dos fenômenos marcantes das relações nas redes sociais é a cultura do "cancelamento". Uma das características socioemocionais importantes que precisamos aprender para ter bons relacionamentos interpessoais é o respeito com a diferença, mas, nas redes sociais, criamos bolhas, mantendo-nos próximos apenas dos que manifestam ideias semelhantes às nossas, e acabamos por "cancelar" os diferentes, os de opiniões divergentes das nossas.

Observe os opostos apresentados a seguir. Depois, em grupos, criem cartões com situações que costumam acontecer nas redes sociais, para demonstrar as diferenças entre os opostos.

Conversar × Convencer
Discordar × Linchar virtualmente
Corrigir × Cancelar
Liberdade de expressão × *Bullying*

Cosmaa/Shutterstock.com/ID/BR

54

Ver o outro

Planeje com seus amigos um modo de apresentar para a comunidade escolar as reflexões do filósofo Levinas quanto ao rosto do outro e ao apelo que ele nos faz a uma ética de responsabilidade e de reconhecimento.

Sugerimos que vocês organizem uma exposição com "rostos" de pessoas e com frases que sejam apelos éticos para relações humanas mais solidárias, empáticas e acolhedoras. Vocês podem escolher fotografar determinado grupo social que é frequentemente invisibilizado, como moradores de rua e imigrantes, ou podem fotografar pessoas do cotidiano escolar. O importante é que todos esses rostos sempre vão interpelar-nos a sermos mais éticos e empáticos.

Atenção! Cuidado com o direito de imagem das pessoas. Só fotografe quem consentir, e com o auxílio dos professores.

3. Passos individuais

Como vimos, as relações interpessoais são elementos muito importantes para construir uma vida e uma sociedade ética e responsável. Não vivemos sós, e nossas escolhas e projetos sempre vão fazer parte de uma teia complexa de relações. Por isso, nesta oficina, você é convidado a reservar um tempo especial para fazer exercícios individuais que ajudem a refletir sobre suas relações.

Gráfico das minhas relações

Ao darmos passos na travessia do projeto de vida, é muito importante que estejamos atentos às pessoas que temos a nossa volta e ao modo como nos relacionamos com elas. Quem nos apoia mais? Quem nos inspira e influencia? Quem nos desafia?

Convidamos você a fazer um gráfico de suas relações, situando-as de acordo com sua proximidade com essas pessoas, mas também com o papel que elas ocupam em sua vida.

Coloque-se no centro do gráfico e insira suas relações, das mais próximas às mais distantes. Avalie quanto você está satisfeito(a) com o desenho.

   a. O gráfico de minhas relações está de acordo com minhas expectativas?
   b. Gostaria que algumas pessoas estivem mais próximas ou mais distantes?
   c. Gostaria que alguém ocupasse outro papel em minha vida?
   d. Como imagino que essas pessoas me veem?
   e. Consigo imaginar qual papel eu cumpro na vida delas?

Descobertas e decisões

Considerando as diferentes relações em sua vida, reserve um tempo para refletir a respeito do assunto e registrar algumas descobertas e decisões sobre elas.

Agora, para seu projeto de vida, você tomará decisões envolvendo as relações que estabelece com outras pessoas, nos variados campos onde costuma interagir com elas. Então, pensando nas descobertas que fez sobre você e sobre suas relações, veja o que deseja mudar e identifique quais compromissos concretos pode assumir para que elas sejam mais construtivas, solidárias e felizes. Preencha um quadro com as seguintes colunas:

→ **Valorizo e quero potencializar em minhas relações** (para listar cinco descobertas boas sobre as relações que compõem sua vida);

→ **Quero deixar de cultivar nos meus relacionamentos com outras pessoas e grupos** (para listar cinco traços que desejaria mudar ou melhorar nas suas relações);

→ **Quero realizar** (para listar cinco decisões quanto às principais relações de sua vida, como: familiares, amorosas, de estudos, religiosas, políticas, etc.).

Unidade 5

Cristianismos?

"Cristo é a nossa paz: do que era dividido fez uma unidade". (Efésios 2,14a)

- Qual é a essência do **cristianismo** proposto por Jesus? Na atualidade brasileira, quais aspectos são reveladores dessa essência?
- Como percebemos a diversidade de denominações cristãs e os caminhos de unidade entre elas?

PARA INÍCIO DE CONVERSA

Quando ouvimos falar em cristianismo, pensamos, imediatamente, em Jesus Cristo, em cruz, em amor ao próximo, em igrejas, etc. No Brasil, assim como em vários outros países da América Latina, o cristianismo representa uma das religiões com mais adeptos. Na história e na cultura desses países, essa doutrina religiosa tem deixado marcas, ora positivas, ora negativas.

No percurso histórico do cristianismo, houve divisões, mas também contínuas iniciativas de diálogos que se estendem até os dias de hoje. Nas últimas décadas, assistimos ao surgimento de uma série de denominações cristãs, as quais revelam compreensões, valores e estilos diferentes de seguir os preceitos de Jesus.

Atividade

- Analise a tirinha e responda: Em sua opinião, os seguidores de Jesus assemelham-se a ele?

Curiosidade filosófica

Quem foi Jesus?

A publicação da obra *Jesus, aproximação histórica*, de José Antonio Pagola, teve grande repercussão no início dos anos 2000 e marcou os estudos históricos sobre Jesus.

Quem foi Jesus? Que segredo encerra este galileu fascinante, nascido há dois mil anos numa aldeia insignificante do Império Romano e executado como um malfeitor? [...] Quem foi este homem que marcou decisivamente a religião, a cultura e a arte do Ocidente? [...] Por que seu nome não caiu no esquecimento? Por que, ainda hoje, quando ideologias e religiões experimentam uma crise profunda, sua pessoa e sua mensagem seguem alimentando a fé de tantos milhões de homens e mulheres? [...] Quem foi? Como entendeu sua vida? O que defendeu? Onde está a força de sua pessoa e a originalidade de sua mensagem? Por que o mataram? Como terminou a aventura de sua vida?

PAGOLA, J. *Jesús, aproximación histórica*. 3. ed. Madrid: PPC, 2007. p. 5. (Tradução feita para este material).

- Converse com seus colegas e com o professor sobre o que vocês sabem a respeito de Jesus. Qual é a resposta de vocês para as várias perguntas que o autor apresenta?

57

PRIMEIROS PASSOS

Quem foi o jovem Jesus?

Jesus passou a infância na pequena e desconhecida aldeia de Nazaré, de cerca de 200 a 400 habitantes, localizada na região da Galileia, em Israel. Seu nome em hebraico era Yeshua, um nome comum na época, e ele era conhecido como "Jesus, o filho de José" ou "Jesus, o de Nazaré". Ele aprendeu o ofício de artesão com seu pai; falava aramaico e tinha noções de grego, estando presentes em seus discursos as características do cotidiano familiar próximo de sua mãe, da vida na aldeia e de seu contato com a natureza. De família judia, Jesus guardava o sábado, participava das orações e das festas religiosas, foi circuncidado e frequentava a sinagoga.

Galileia era caracterizada pela agricultura, com a produção de uva, azeitonas, trigo, cevada, milho, bem como pela pesca, o que pode ser confirmado nas parábolas de Jesus. No ano de 63 a.C., essa região passou a pertencer à província romana da Síria, sofrendo intervenções opressoras romanas, próximo da aldeia de Nazaré. As marcas de desigualdade e de pobreza nas famílias camponesas da região, que, por causa de endividamentos, perdiam suas terras, provocaram o aumento no número de indigentes e de prostitutas. Isso explica a mensagem de Jesus e de seu posicionamento em defesa dos indigentes e dos famintos, com forte crítica à organização social e política da época, e dá grande sentido a este trecho da prece do Pai-Nosso: "dai-nos hoje o pão de cada dia".

Jesus, quando decidiu deixar o grupo familiar, o que não era comum na época, para tornar-se um profeta itinerante, acabou colocando em dúvida a honra de sua família, sobretudo por ter-se tornado um andarilho, distante do lar, sem emprego fixo, e realizando atos de cura e pronunciando discursos. Posteriormente, ele passou a criticar a visão patriarcal.

De acordo com Pagola, não se sabe se Jesus aprendeu a ler e a escrever, mas ele desenvolveu a capacidade de reter as orações, os textos e os ensinamentos que eram transmitidos oralmente.

Um aspecto que chamava a atenção dos moradores da aldeia era o fato de Jesus não ter casado. Tal renúncia não se explica pela opção de uma vida ascética, até porque, ao contrário de outras pessoas, ele se alimentava junto de pecadores, estabelecia amizades femininas, conversava com prostitutas, destacava-se por seu estilo festivo e não vivia preocupado pelas impurezas rituais.

Fique sabendo

Escute a música "Um certo galileu", lançada em 1975, por José Fernandes de Oliveira (padre Zezinho), disponível em: https://www.youtube.com/watch?v=bB_TnwAv85U. Acesso em: 12 nov. 2021. O filme *Jesus de Nazaré* narra a história da vida de Jesus, desde seu nascimento até a ressurreição. Direção: Franco Zeffirelli. Itália, 1977 (6 h 11 min).

58

O Reino de Deus é Deus mesmo

No ano de 28 d.C., ocorreu o encontro de Jesus com João, o "Batista", e o estilo de vida e a predicação desse homem marcaram profundamente a vida de Jesus. O batismo realizado por João, o chamado batismo do arrependimento, por exemplo, era para todos, não para alguns escolhidos. Quando João morreu, Jesus prosseguiu com sua missão e, a partir daí, deu início a seu projeto: anunciar para todos, sem exceção, a **boa nova**, a chegada do **Reino de Deus**.

No entanto, diferentemente de João, Jesus, quando tinha aproximadamente 32 anos de idade, iniciou uma vida itinerante pelos povoados e proximidades da Galileia. Com isso, houve uma mudança radical: não era mais necessário ir ao templo de Jerusalém para pedir perdão e oferecer sacrifícios, pois Deus o oferecia aos que acolhiam seu Reino. Jesus proclamava isso curando enfermos que ninguém curava, tocando os leprosos que ninguém tocava, valorizando as crianças e aproximando-se dos pobres, dos abandonados, das prostitutas, dos arrecadadores de impostos, dos samaritanos, entre outros. Ele se aproximava do povo e contava suas parábolas, cuja mensagem proporcionava o sentimento de proximidade a Deus, através da percepção de que Seu Reino não é concentração de poder, não é uma realidade distante, e, sim, uma experiência de bondade, de justiça social e de paz, movida por forte fé e esperança.

Cristo ressuscitado, de Luís Henrique Alves Pinto, desenho a nanquim e colorido digitalmente, 2021.

Atividades

Em grupos, conversem com os colegas sobre as questões a seguir.

1. O que há de genuíno na proposta de Jesus para entender o Reino de Deus? Qual era o projeto dele?
2. Por que o Reino de Deus constitui uma boa notícia para os pobres? O que Jesus esperava disso?
3. Com base nas reflexões anteriores, qual é a possível mensagem que a obra de Luís Henrique Alves Pinto expressa?

NO CAMINHO DO TEMA

O cristianismo na América

O cristianismo é uma religião milenar, que marcou profundamente a história da humanidade: foi a religião oficial do Império Romano (a partir do século IV), difundiu-se pelos países do mundo inteiro, passou por reformas (como a liderada por Martinho Lutero no século XVI) e por conflitos doutrinais e contribuiu para o desenvolvimento social.

No final do século XV, espanhóis e portugueses chegaram à América; em seguida, missionários religiosos iniciaram um processo de evangelização que expandiria a presença do cristianismo pelo continente. Isso resultou, na atualidade, em maior número de seguidores.

Ao olhar para a história do cristianismo na América, é possível identificar diversos modos de evangelização, através dos quais podemos refletir e aprender como anunciar e convidar os outros a compartilhar nossa experiência religiosa.

Ao longo do cristianismo e em nome do Evangelho, já foram provocadas muitas guerras e destruições. Até os próprios cristãos já se mataram entre si. Com a desculpa da evangelização e em nome do Deus de Jesus – **muito mal usado** –, nos primeiros anos da conquista da América e nos seguintes 500 anos, os conquistadores cristãos [...] destruíram templos indígenas [...], ou promoveram massacres e cativeiros, ou condenaram como superstição e ignorância a fé e as tradições dos Povos Indígenas [...]. No entanto, também é verdade que, pela força do Evangelho e em nome do Deus de Jesus – **muito bem utilizado** –, esta nossa América tem uma fé verdadeiramente cristã, que dá à Igreja muita vitalidade. Já nos concedeu muitos santos, profetas e mártires.

Dom Pedro Casaldáliga (1928-2020), defensor dos direitos humanos.

CASALDÁLIGA, P. *500 anos de resistência*: entre o Evangelho e a dominação. Apud *Emaús* (SM), 6º ano. p. 91.

Atividades

1. Converse com seus colegas e com o professor sobre como vocês percebem o uso do nome do Deus de Jesus nas diversas denominações cristãs no Brasil.

2. Em grupos, pesquisem exemplos da presença, do diálogo e da evangelização dos povos indígenas do Brasil pelas igrejas cristãs. Em seguida, os grupos devem apresentá-los à turma para que, juntos, reflitam a respeito desse assunto.

3. No final do texto, Dom Pedro Casaldáliga refere-se a "muitos santos, profetas e mártires" na América. Quem são? Em grupos, pesquisem sobre esses cristãos e cristãs, de diferentes países e com atuação em diversos âmbitos sociais. Em seguida, organizem um mural com fotografias, resenhas e frases deles e verifiquem, com o professor, a possibilidade de transformá-lo em uma exposição virtual para que outras pessoas da comunidade externa à escola possam ter acesso.

O catolicismo no Brasil

Como resumir a presença do catolicismo no Brasil? Quais manifestações religiosas do catolicismo podemos registrar nos diferentes âmbitos da vida social? Ao indagar sobre essas manifestações, deparamo-nos com inúmeros aspectos que nos permitem visualizar sua presença, suas contribuições, seus desafios e motivações para além da própria igreja.

Atividade

- Em grupos e sob a orientação do professor, observem o esquema abaixo e organizem uma das partes de uma exposição que será realizada pela turma.

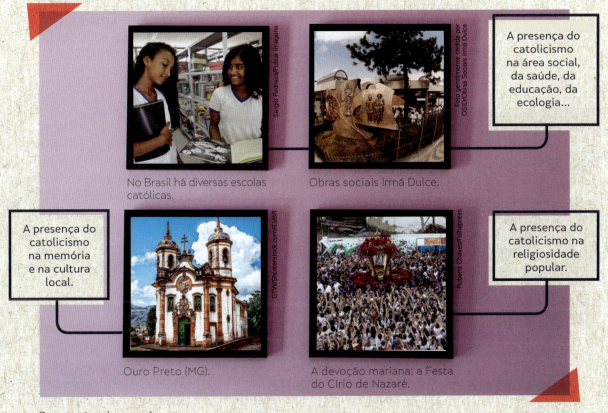

No Brasil há diversas escolas católicas.

Obras sociais Irmã Dulce.

A presença do catolicismo na área social, da saúde, da educação, da ecologia...

A presença do catolicismo na memória e na cultura local.

Ouro Preto (MG).

A devoção mariana: a Festa do Círio de Nazaré.

A presença do catolicismo na religiosidade popular.

Sugestão de roteiro:

1º passo: Escolher um dos aspectos apresentados acima.

2º passo: Pesquisar informações, curiosidades e expressões sobre tal aspecto nas diferentes regiões do país.

3º passo: Selecionar fotografias ou fazer desenhos que ilustrem o que descobriram, acrescentando uma legenda.

4º passo: Apresentar dados e produzir breves textos sobre essa presença no Brasil.

5º passo: Sob a orientação do professor, organizar uma exposição na escola. Se preferirem, podem integrar recursos digitais que tornem a mostra mais interativa.

6º passo: Convidar a comunidade escolar para visitar a exposição. Vocês poderão apoiar os visitantes complementando informações e respondendo a dúvidas.

INQUIETAÇÕES QUE FICAM

Uma, muitas e diferentes

Se retomarmos as perguntas iniciais desta unidade e o percurso que realizamos até aqui, perceberemos alguns aspectos do cristianismo e como eles se manifestam em uma multiplicidade de expressões.

No contexto dessas expressões, inscrevem-se reflexões que buscam motivar ou justificar a presença de Deus na vida de seus seguidores. Uma das áreas do conhecimento que sistematiza essa compreensão é a teologia.

A seguir, apresentamos duas perspectivas de **teologias** cristãs que nos permitem refletir sobre compreensões, valores e estilos diferentes de seguir os preceitos de Jesus.

> A teologia é o estudo de Deus. Propõe uma reflexão na fé da Palavra de Deus. Seu saber contribui na interpretação e na vida prática das pessoas.
>
> AHUMADA, E. *Teología de la educación*. Santiago: LOM, 2003.
> (Tradução feita para este material).

Teologia da Prosperidade

A Teologia da Prosperidade teve origem na década de 1930, nos Estados Unidos, sob a liderança de Essek William Kenyon, destacando-se por pregar que a solução para os problemas emocionais, de saúde, espirituais, financeiros, entre outros, está na experiência pessoal de fé do cristão. Essa mensagem popularizou-se nas igrejas cristãs do Brasil, principalmente nas pentecostais.

Essek William Kenyon (1867-1948), pastor estadunidense da Igreja Batista Nova Aliança.

Teologia da Libertação

A Teologia da Libertação surgiu em 1969, em Montevidéu, no Uruguai, com a reflexão do teólogo peruano Gustavo Gutiérrez. É reconhecida por seu olhar centrado na dignidade dos pobres, dos oprimidos e dos explorados da América Latina. Compreende que o processo de "libertação" está ligado à situação histórica e sociocultural em que as pessoas vivem, e é a partir dessa realidade que se realiza a transformação.

Gustavo Gutiérrez Merino, teólogo peruano e sacerdote dominicano, é considerado por muitos o fundador da Teologia da Libertação.

Atividades

1. Agora, vocês vão organizar um fórum sobre teologias cristãs.

   I. Em grupos, pesquisem sobre a Teologia da Prosperidade e sobre a Teologia da Libertação. Registrem exemplos atuais que auxiliem na compreensão de suas expressões e reflitam a respeito desse assunto.

   II. Verifiquem a possibilidade de convidar um(a) teólogo(a) para interagir com vocês sobre essas reflexões e aprofundar o conhecimento sobre essa área. Aproveitem a oportunidade para indagá-lo(la) sobre as discussões atuais a que a teologia tem-se dedicado.

2. Estamos próximos ou distantes? Vamos refletir sobre essa questão?

   I. Leia a tirinha e, com base nas reflexões realizadas nesta unidade, responda: Qual visão de Deus e do cristianismo revela-se na tira?

   II. Em seguida, compartilhe e discuta sua resposta com seus colegas e com o professor.

63

NA TRAVESSIA DO PROJETO DE VIDA

Nesta unidade, você conheceu um pouco mais sobre Jesus Cristo, sobre diferentes experiências de cristianismo, sobre alguns de seus percursos históricos, bem como sobre certos fundamentos teológicos e culturais dessa doutrina religiosa. Com isso, foi possível perceber como muitas pessoas no mundo se inspiraram e ainda se inspiram em Jesus para viver.

Em nossa travessia individual do projeto de vida, percebemos que nossas aspirações nunca são indeterminadas; ao contrário, elas nascem personificadas, inspiradas nos modos de vida, nas superações e nas conquistas de outras pessoas, que nos ajudam a ter perspectivas novas e interessantes.

Jesus, um galileu nascido há mais de 2 mil anos em uma aldeia do Império Romano, nunca deixou a Palestina nem assumiu posições de poder. No entanto, foi e é inspiração para muitas pessoas e para muitas comunidades no mundo inteiro.

Como vimos nesta unidade, no trecho de texto do teólogo José Antonio Pagola, ainda hoje nos perguntamos como o nome de Jesus não caiu no esquecimento e o que ele fez de tão extraordinário para impactar tantas pessoas, as quais, inspiradas por seu modo de vida, dedicaram e dedicam a vida para seguir seus passos e ensinamentos, até mesmo pessoas que não são religiosas.

De fato, todos precisamos de modelos, de referências sólidas com as quais nos identificamos. Com base nisso é que construímos nosso projeto de vida: provavelmente, vamos nos inspirar em algumas pessoas e nos projetos de vida delas. Não por desejo de copiar ou de repetir, mas porque as conquistas, os valores, o profissionalismo e o modo de relacionar-se de determinadas pessoas podem trazer-nos motivação para perseguir nossas próprias aspirações ou despertar-nos para uma vocação não imaginada – e nosso próprio projeto de vida pode, eventualmente, servir de inspiração para outras pessoas também.

Como vamos sonhar em ser um bom ator, se não tivermos referências de outros atores que nos inspiram? Como almejar ser um bom médico, sem nunca termos nos deparado com um profissional com o qual nos identificássemos? Como aspirar ser alguém engajado no serviço ao próximo, sem nunca ter sido tocado pela solidariedade realizada por outra pessoa?

1 Compartilhando as primeiras ideias

Somos rodeados por pessoas que admiramos e que nos motivam a ser o que e como queremos ser. Geralmente, quando olhamos para as experiências dessas pessoas, sentimo-nos incentivados a ter mais determinação para realizar nosso projeto de vida. Considerando isso, siga os passos indicados:

I. Crie uma lista com os nomes e as características de pessoas que servem de modelo para sua vida, conforme o quadro a seguir. Concentre-se nos exemplos que mais dizem respeito a projetos com os quais você se identifica. Se você quer ser professor(a), quem serve de inspiração? Você deseja ser pai ou mãe um dia? Você gostaria de ser como qual mãe ou pai? Cite quantos exemplos achar oportuno. Que valores presentes nessas pessoas estão presentes em você e contribuem para sua identidade?

Um modelo de bom/boa...	Nome da pessoa (famosa ou não)	Características admiráveis e inspiradoras dessa pessoa
professor(a) como...		
ator/atriz como...		
mãe como...		
pai como...		
político(a) como...		
cidadão/cidadã como...		
cristão/cristã como...		
enfermeiro(a) como...		

II. Depois, compartilhe sua lista com os colegas e conversem sobre as escolhas de vocês. Quais são as semelhanças e quais são as diferenças? A lista dos colegas inspirou-lhe de algum modo?

III. Foi difícil ou fácil encontrar pessoas que são modelos inspiradores para você?

2 Aprofundando o olhar

Vimos que Jesus tinha um projeto que o movia, uma mensagem que ele anunciava para todos. Fundamentado no amor, esse projeto era denominado Reino de Deus. É possível que as pessoas que admiramos vivam de um modo que também nos inspire amor, justiça e confiança, como Jesus? Leia o texto "Já praticou o amor hoje?", de Laura Capelhuchnik, disponível em: https://gamarevista.uol.com.br/semana/como-vai-o-seu-amor/amar-pode-ser-uma-acao-politica/ (acesso em: 18 set. 2021). Em seguida, junte-se a um colega para que vocês conversem sobre suas impressões a respeito do que leram.

3 Dando passos na travessia do projeto de vida

I. Em duplas ou trios, conversem sobre pessoas que vivem esse amor abordado no texto. Algumas das pessoas citadas em sua lista vivem esse amor? De que forma?

II. Individualmente, depois de refletir sobre o tema, responda a essas duas perguntas no caderno: "O que em você pode ser inspirador ou motivador para outras pessoas (cite atitudes, habilidades, valores, gostos, etc.)?" e " Quais atitudes relacionadas ao amor político eu gostaria de assumir em minha vida para inspirar outras pessoas?".

Unidade

6 Conhecimentos

Desde que nascemos, conhecemos e conhecemo-nos.

- O que é o **conhecimento**? Existe um só conhecimento ou há conhecimentos de vários tipos?
- Onde está o conhecimento? Por que o buscamos? O que ele provoca em nós?

PARA INÍCIO DE CONVERSA

Somos conhecedores. Você percebe isso em seu dia a dia? E você percebe as mudanças pelas quais passa a cada conhecimento que adquire? Será que o que não conhecemos limita nosso desenvolvimento, nossa forma de compreender o mundo, nossa realidade?

Há uma multiplicidade de saberes, entre eles científicos, artísticos, filosóficos, religiosos, ecológicos, populares e tantos outros, e aproximamo-nos de vários desses saberes ao longo de nossa existência, de uns mais do que de outros, de acordo com nossos interesses, com nossas possibilidades, entre outros fatores. Você considera que as escolas, as universidades ou a sociedade em geral dão mais valor aos saberes científicos? Por quê?

Se nosso desenvolvimento integral está ligado a várias dimensões (física, mental, moral, espiritual, social, ecológica, etc.), será que até hoje nós temos desenvolvido de forma equilibrada e harmônica cada uma dessas dimensões? Como percebemos isso em nossa vida?

Por fim, talvez uma das perguntas mais importantes: Por que **conhecer**? Qual é a motivação para se obter o **conhecimento**?

Atividades

1. Leia a tirinha a seguir e reflita sobre a mensagem por ela transmitida.

Téo e O Mini Mundo/Acervo do cartunista

2. Como você interpreta a resposta da personagem Eulália à pergunta que lhe foi feita no final sobre como enxergar o Todo: "Fechando os olhos, talvez..."? O que ela quis dizer com isso?

Curiosidade filosófica

Buscar os segredos

Fine Art Images/Heritage Images/Getty Images

A sabedoria do escritor libanês Khalil Gibran convida-nos a refletir sobre a profundidade de nosso viver, para que nos tornemos cada vez mais conscientes de nossos passos.

Virá o dia, quando os sábios reunirão os inefáveis sonhos da juventude à alegria do conhecimento? Cada um de nós não vale muito, quando em solitária existência.

Virá, por acaso, o dia, quando a Natureza será a mestra do Homem, a Humanidade, o seu livro de cabeceira e a Vida, a sua escola diária?

Os anseios de alegria da juventude [...] nunca se realizarão até que o conhecimento anuncie a aurora daquele dia.

GIBRAN, K. *Segredos do coração*: poemas e reflexões. 6. ed. Tradução: Emil Farhat. Rio de Janeiro: Record, [s.d.]. p. 226.

- Qual mensagem o autor quis deixar com a expressão "alegria do conhecimento"?

PRIMEIROS PASSOS

Conhecer ou não conhecer, essa é a questão

O que significa a palavra **conhecimento**? Se você tivesse de responder a essa pergunta, qual definição você apresentaria para essa palavra? Quais sinônimos você indicaria?

Ao indagar sobre a etimologia dessa palavra, poderíamos dizer que significa "aquilo que nasce junto de nós"? Qual é sua opinião acerca disso?

O filósofo grego Aristóteles, no clássico *Metafísica*, escreveu sobre o "desejo de conhecer":

> Foi, com efeito, pela admiração que os homens, assim hoje como no começo, foram levados a filosofar, sendo primeiramente abalados pelas dificuldades mais óbvias, e progredindo em seguida pouco a pouco até resolverem problemas maiores: por exemplo, as mudanças da Lua, as do Sol e dos astros e a gênese do Universo. Ora, quem duvida e se admira julga ignorar: por isso, também **quem ama os mitos é, de certa maneira, filósofo, porque o mito resulta do maravilhoso**. Pelo que, se foi para fugir à ignorância que filosofaram, claro está que procuraram a ciência pelo desejo de conhecer, e não em vista de qualquer utilidade.
>
> ARISTÓTELES. *Metafísica*. Livro I, Cap. II. p. 214. Tradução: Vincenzo Cocco. 1. ed. São Paulo: Abril, 1973.

Atividades

1. Converse com seus colegas e com o professor e respondam às questões a seguir:
   I. Por que vocês acham que o filósofo enfatiza a ideia de "admirar"?
   II. Como vocês interpretam, com base na experiência pessoal, a frase em negrito?

2. Em grupos, organizem-se para fazer uma apresentação de mitos religiosos. Dividam-se de tal forma que cada grupo represente um mito de determinada tradição religiosa. Definam critérios para as apresentações a fim de tornar a experiência significativa, e procurem valorizar as técnicas orais e teatrais nesta atividade.

> Os mitos religiosos são "tentativas de explicar a realidade. Isso porque, diante do mistério da vida [...] e dos fenômenos naturais, a narrativa mítica surge como primeira forma humana de conhecimento de construção de uma moralidade capaz de nortear a vida comum de um grupo e dar sentido à existência".
>
> ROSSI, D. A.; CONTRERAS, H. S. H. *As ciências da religião e o ensino religioso*: aproximações. Curitiba: InterSaberes, 2021. p. 63-64.

Os saberes estão interligados

No processo histórico e cultural de sistematização dos saberes, assistimos a seu agrupamento em áreas do conhecimento. Essa organização foi motivada por uma intenção muito mais prática do que real, pois, na verdade, esses saberes não estão compartimentalizados, mas, sim, interligados.

Um exemplo são os saberes religiosos, que, mesmo tendo uma área de conhecimento específica, são abordados de formas diferentes pelos diversos olhares de outras áreas. Essa multiplicidade de olhares ajuda-nos a perceber que o conhecimento é complexo, assim como nossa vida.

Conhecer o humano não é separá-lo do Universo, mas situá-lo nele. [...] "Quem somos nós?" é inseparável de "Onde estamos, de onde viemos, para onde vamos?" [...]. Conhecer e pensar não é chegar a uma verdade absolutamente certa, mas dialogar com a incerteza.

MORIN, E. *A cabeça bem-feita*: repensar a reforma, reformar o pensamento. Tradução: Eloá Jacobina. 8. ed. Rio de Janeiro: Bertrand Brasil, 2003. p. 37, 59.

Edgar Morin, antropólogo, sociólogo e filósofo francês.

Atividades

1. Com base na compreensão acima, respondam em grupos: Como a religião é abordada pelas diversas lentes das áreas de conhecimento?

2. Agora, utilizem a resposta à pergunta anterior para construir, ainda em grupos, uma teia de saberes na qual possam registrar como os saberes religiosos são tecidos pelas diferentes áreas, na grande teia da vida. Observem o exemplo a seguir:

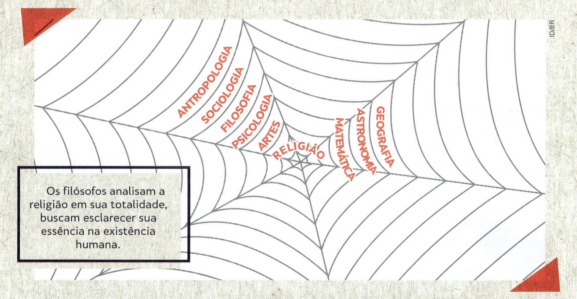

Os filósofos analisam a religião em sua totalidade, buscam esclarecer sua essência na existência humana.

3. Sob a orientação do professor, agora cada grupo vai ser dividido por áreas do conhecimento para a elaboração de partes de uma teia, registrando ideias, frases e/ou nomes de pessoas representativas na área respectiva. Em seguida, os grupos vão juntar essas partes em uma única teia para toda a turma.

4. Elaborem uma representação da teia da turma, preferencialmente em formato tridimensional e interativo, e exponham-na na escola ou em outro espaço para que ela possa ser apreciada pelo maior número de pessoas.

5. No final, avaliem o resultado do trabalho de vocês e conversem a respeito com os colegas e com o professor.

NO CAMINHO DO TEMA

Leia o texto abaixo, mas ainda não pare para responder à pergunta do texto. Siga a leitura da página.

Uma pergunta aparentemente simples

Quem é você?
É uma pergunta que frequentemente nos fazem e que às vezes fazemos a nós mesmos...
"Quem sou eu?"
Quando esta pergunta surge podemos dizer que estamos pesquisando nossa identidade. Como em qualquer pesquisa, estamos em busca de respostas, de conhecimento. Por se tratar de uma pergunta feita a nosso respeito é fácil darmos uma resposta; ou não é?
Se é um conhecimento que buscamos a respeito de nós mesmos podemos supor que estamos em condições de fornecê-lo. Afinal se trata de dizer quem somos... Experimente!
Não continue lendo antes de responder a esta pergunta: quem é você?
Pronto?
Respondeu de forma a qualquer pessoa, depois de ouvir sua resposta, poder afirmar que o conhece? Sua resposta torna possível você se mostrar ao outro (e, ao mesmo tempo, você se reconhecer) de forma total e transparente, de modo a não haver nenhuma dúvida, nenhum segredo a seu respeito? Sua resposta produz um conhecimento que o torna perfeitamente previsível? Ninguém (nem mesmo você), depois de conhecer essa resposta, terá dúvida sobre como você vai agir, pensar, sentir, em qualquer situação que surja?
Acredito que, se você foi sincero, estas questões todas podem ter levantado algumas dúvidas. Será tão fácil dizer quem somos? [...]

CIAMPA, A. C. Identidade. In: Lane, S. T. M.; Codo, W. (orgs.). *Psicologia social*: o homem em movimento. 8. ed. São Paulo: Brasiliense. 1989. p. 58-59.

Nossa identidade em movimento

Ser movimento.
Ser processo.
Ser metamorfose.

Tantos saberes para um único objetivo: ser.
Olhar para a imagem a seguir talvez nos remeta ao aprendizado de andar de bicicleta. Para começar, são utilizadas bicicletas com rodinhas de apoio ou alguém acompanha o aprendiz segurando a bicicleta enquanto ele tenta equilibrar-se
Se não há rodinhas de apoio ou alguém para segurar a bicicleta, surge o medo de perder o equilíbrio, de cair e se machucar. Mas, com o apoio, tem-se confiança, e o aprendiz pedala olhando para a frente sem temer. No entanto, ainda que haja rodinhas ou alguém acompanhando, há determinados momentos em que surgem obstáculos, um galho de árvore ou um buraco no caminho, por exemplo, provocando desequilíbrio e um medo passageiro de cair.
Com o tempo e com o treino, chega um dia em que o aprendiz sente-se equilibrado e pedalando, e, quando percebe, está sem apoio de rodinhas e ninguém o está segurando. Ele aprendeu a andar de bicicleta! Mesmo que em algum momento tenha levado um tombo, uma sensação boa de ter aprendido, enfim, a andar de bicicleta o invade e ele sente-se feliz com essa realização.
Fazendo uma analogia: em que se assemelha nossa vida a esse andar de bicicleta?

70

Agora, retome a leitura do trecho de texto da página anterior e, depois, com base na leitura no trecho a seguir, continue a reflexão que estava sendo feita.

Se, como afirmamos, estamos falando de nossa identidade quando respondemos à pergunta "quem sou eu?", a primeira observação a ser feita é que nossa identidade se mostra como a descrição de uma personagem (como em uma novela de TV) cuja vida, cuja biografia aparece numa narrativa (uma história com enredo, personagens, cenários, etc.), ou seja, como personagem que surge num discurso (nossa resposta, nossa história). Ora, qualquer discurso, qualquer história costuma ter um autor, que constrói a personagem. Cabe perguntar então: você é a personagem do seu discurso, ou o autor que cria essa personagem, ao fazer o discurso?

Se você é a personagem de uma história, quem é o autor dessa história? Se nas histórias da vida real não existe o autor da história, será que não são todas as personagens que montam a história? Todos nós – eu, você, as pessoas com quem convivemos – somos as personagens de uma história que nós mesmos criamos, fazendo-nos autores e personagens ao mesmo tempo. Com esta afirmação já antecipamos o que se poderia dizer caso nos consideremos o autor que cria nossa personagem; o autor mesmo é personagem da história. Na verdade, assim, poderíamos afirmar que há uma autoria coletiva da história; aquele que costumamos designar como "autor" seria dessa forma um "narrador", um "contador" de história!

Com isso podemos perceber outro fato curioso: não só a identidade de uma personagem constitui a de outra e vice-versa (o pai do filho e o filho do pai), como também a identidade das personagens constitui a do autor (tanto quanto a do autor constitui a das personagens). A trama parece complicar-se, pois é sabido que muitas vezes nos escondemos naquilo que falamos; o autor se oculta por trás da personagem. Mas, da mesma forma como um autor acaba se revelando através de seus personagens, é muito frequente nos revelarmos através daquilo que ocultamos. Somos ocultação e revelação. [...]

Ciampa, A. C. Identidade. In: Lane, S. T. M.; Codo, W. (orgs.). *Psicologia social*: o homem em movimento. 8. ed. São Paulo: Brasiliense, 1989. p. 60.

Atividades

1. Sob a orientação do professor, organizem-se em pequenas rodas de conversa, depois em uma roda um pouco maior e, por fim, em uma grande roda de conversa.

   I. Na roda menor, conversem sobre a reflexão que fizeram e em que pensaram após a leitura do primeiro trecho de texto "Quem é você?".

   II. Na roda um pouco maior, conversem sobre se concordam com o que foi exposto no segundo trecho de texto e sobre como vocês veem a si mesmos.

   III. Na grande roda de conversa, procurem responder à pergunta "Quem somos?". Depois, conversem sobre qual é o sentido do texto que acompanha a imagem da bicicleta e sobre o que significa a resposta dada pelo jovem ao questionamento feito pelos repórteres na segunda imagem.

2. Avaliem como foi a experiência nas rodas de conversa e pensem em um gesto de gratidão que podem compartilhar pelo momento que vivenciaram.

INQUIETAÇÕES QUE FICAM

Nossas escolas

Passamos vários anos de nossa vida em escolas. Quantos anos faz que você frequenta a escola? De que mais você se recorda quando começou a frequentar a escola? Quais eram suas maiores dificuldades e o que era mais fácil para você?

As escolas são instituições que nos possibilitam encontros com pessoas e saberes e nos apoiam no desenvolvimento e na educação. Além de adquirirmos variados conhecimentos na escola, aprendemos também a ser pessoas melhores! Você concorda?

Leia este trecho de um texto de Eduardo Galeano:

Se Alice voltasse

Há 130 anos, depois de visitar o país das maravilhas, Alice entrou num espelho para descobrir o mundo ao avesso. Se Alice renascesse em nossos dias, não precisaria atravessar nenhum espelho: bastaria que chegasse à janela.

[...]

Caminhar é um perigo e respirar é uma façanha nas grandes cidades do mundo ao avesso. Quem não é prisioneiro da necessidade é prisioneiro do medo: uns não dormem por causa da ânsia de ter o que não têm, outros não dormem por causa do pânico de perder o que têm. O mundo ao avesso nos adestra para ver o próximo como uma ameaça e não como uma promessa, nos reduz à solidão e nos consola com drogas químicas e amigos cibernéticos. Estamos condenados a morrer de fome, a morrer de medo ou a morrer de tédio [...].

Será esta liberdade, a liberdade de escolher entre ameaçadores infortúnios, nossa única liberdade possível? O mundo ao avesso nos ensina a padecer a realidade ao invés de transformá-la, a esquecer o passado ao invés de escutá-lo e a aceitar o futuro ao invés de imaginá-lo [...]. Mas está visto que não há desgraça sem graça, nem cara que não tenha sua coroa, nem desalento que não busque seu alento. **Nem tampouco há escola que não encontre sua contraescola.**

GALEANO, E. *De pernas pro ar*: a escola do mundo ao avesso. Tradução: Sergio Faraco. Porto Alegre: L&PM Editores, 2011. p. 2-8.

Fique sabendo

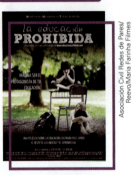

Documentário *La educación prohibida*. Direção: German Doin. Argentina, 2021 (145 min). Versão em português disponível em: https://observatoriodeeducacao.institutounibanco.org.br/cedoc/detalhe/a-educacao-proibida-filme-completo-em-hd-audio-portugues,6788ca84-29b9-47dd-9501-debde6026743. Acesso em: 26 nov. 2021.

Atividade

- Em grupo, releiam o trecho de texto anterior e respondam:
  I. Qual mensagem o autor expressa com a ideia do "mundo ao avesso"?
  II. Qual é sua compreensão sobre a parte em negrito?

Quem inventou a escola? Existem muitas escolas e variadas diferenças entre elas. Se, como dissemos anteriormente, nossa identidade está em movimento e é dinâmica, por que não dizer que a identidade da escola também está?

Tal reflexão leva-nos a pensar que a escola não pode ser vista como a única responsável pela formação que recebemos, pois, afinal, ela também é expressão da própria sociedade que a mantém.

Contudo, se quisermos, podemos fazer dela uma experiência libertadora, de participação democrática, de construção de saberes para pensar e praticar o bem comum. A escola é um projeto de vida!

Como vemos nossa escola? Se tivéssemos de falar dela, o que diríamos? O que proporíamos?

Atividades

1. Motivados por essas e pelas várias indagações que realizamos no percurso desta unidade, organizem um sarau sobre a escola. Mas, antes, sugerimos a realização de um momento de aproximação e de aprofundamento, com pesquisas em documentários, em reportagens, em dados estatísticos, entre outros materiais, para que compreendam os vários fatores relacionados à realidade das escolas brasileiras.

2. Depois, sob a orientação do professor, dividam-se em grupos de trabalho (GT) para que cada um realize uma das seguintes tarefas:

   - GT da ambientação: organização do local onde será realizado o sarau com elementos simbólicos, imagens, músicas, etc. sobre o tema em discussão.

   - GT da animação: preparação do roteiro do encontro e inscrição dos participantes que vão conduzir os questionamentos e as reflexões.

   - GT da comunicação: produção dos convites, realização da divulgação e registro por meio de textos, fotos e/ou vídeos dos momentos marcantes do evento.

   - GT das provocações: elaboração de questionamentos que favoreçam o diálogo, direcionando a discussão entre os participantes. Esse GT pode ser subdividido em vários, a fim de que cada GT proponha uma provocação.

Como seria nosso mundo sem escolas?
A escola somos nós, que a fazemos todos os dias!
É lugar de pensar e agir, de buscar soluções para os problemas sociais.
Se a escola não for isso, o que ela é?

73

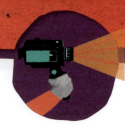

NA TRAVESSIA DO PROJETO DE VIDA

Na travessia do projeto de vida, podemos dizer que estamos perseguindo conhecimentos. Queremos ter consciência de quem somos, de qual é nossa história, de quais são nossas aspirações, crenças, padrões de comportamento e também nossos medos. Nessa travessia, desejamos conhecer mais sobre a realidade em que projetamos e realizamos a vida, além de conhecer mais sobre os outros que vivem conosco.

O autoconhecimento é um processo fundamental que se desdobrará nas diferentes fases de nossa vida, se tivermos oportunidades de olhar para nós mesmos com atenção e cuidado. À medida que vamos nos conhecendo, crescemos em autoaceitação e em autoestima e tornamo-nos mais autoconfiantes, o que nos permite avançar e tomar decisões com segurança e tranquilidade. Devemos ter em mente, no entanto, que quando falamos em autoconhecimento não significa que devemos apenas "descobrir" o que já somos. Afinal, nossa identidade é também construção, é parte das escolhas que fazemos e dos projetos que assumimos. Por isso, a autocrítica também é fundamental, já que não precisamos ficar apegados a padrões que não trazem felicidade a nós nem aos outros.

1. Compartilhando as primeiras ideias

O autoconhecimento é, então, fundamental para elaborar projetos de vida que possam ampliar nossa consciência a respeito de nossos estados emocionais e do modo como eles se manifestam, o que chamamos de autoconsciência. Essa é uma das características fundamentais da inteligência emocional, que ajuda a nos relacionarmos melhor conosco e com os outros. A inteligência emocional é a competência de identificar e lidar com sentimentos e emoções individuais e também dos outros. Considerando isso, siga os passos abaixo.

I. Em grupo, conversem sobre as características das pessoas que possuem inteligência emocional.

II. Depois, analisem os itens a seguir:
- Conhecer suas fortalezas e habilidades, suas fraquezas e limitações.
- Desenvolver automotivação e perseverança.
- Ser capaz de lidar com situações adversas, mantendo a segurança e o controle das emoções.
- Saber expressar suas emoções com assertividade, de forma positiva e empática.
- Ser capaz de reconhecer os sentimentos e as emoções alheios, com empatia.
- Desenvolver a capacidade de administrar conflitos, expressando suas emoções de forma positiva.
- Entender o impacto de suas emoções nos outros.
- Encontrar o equilíbrio entre razão e emoção, controlando a impulsividade.

III. Agora, com base nos itens acima, reflitam e respondam:
   a. Para quais situações listadas nos itens acima a inteligência emocional serve?
   b. Qual dessas situações cada um de vocês considera que desenvolveu?
   c. Qual parece mais difícil de cultivar? E qual é a mais fácil?
   d. Qual é a importância delas para a convivência com os outros e para o próprio bem-estar?

2 Aprofundando o olhar

Para o autoconhecimento, é crucial conhecermos nossas emoções, o modo como lidamos com elas e o impacto delas em nós mesmos e nos que estão a nosso redor. Considerando isso, nos mesmos grupos:

I. Listem algumas das principais emoções com as quais vocês mesmos lidam cotidianamente.

II. Em seguida, montem um dicionário das emoções. Sejam criativos, descrevendo, em cada verbete (emoção), a definição criada pelo grupo, as situações em que a emoção surge, as cores que a representem, as músicas que a despertem, as sensações físicas que ela provoca, as imagens que a ilustrem, etc. Exemplos de emoções para o dicionário: raiva, ciúme, dúvida, medo, calma, alegria, tristeza, surpresa, simpatia, encantamento, nojo, entre outras.

Como lidar melhor com as emoções?

A inteligência emocional requer exercício cotidiano de aprendizado, por meio da adoção de atitudes que ajudam a incorporar novos hábitos. Veja algumas dicas para lidar melhor com suas emoções.

- Identifique e descreva o que está sentindo (pergunte-se e nomeie a emoção que o toma em determinada situação).
- Não classifique suas emoções em boas ou ruins (elas não são morais), apenas identifique quais necessidades suas (atendidas ou negligenciadas) elas expressam.
- Observe as emoções das outras pessoas e tente lidar com elas de forma sensível.
- Coloque-se no lugar dos outros, tentando imaginar como eles se sentem.
- Evite agir por impulso; pergunte-se antes sobre suas motivações para tomar determinada atitude.
- Cultive momentos de silêncio, apenas respirando profundamente e acolhendo seus pensamentos e emoções.
- Peça ajuda a alguém quando precisar lidar com alguma emoção ou sentimento que tem lhe causado sofrimento.

3 Dando passos na travessia do projeto de vida

I. Individualmente, elabore seis frases sobre você mesmo, verdadeiras ou falsas. Para isso, você terá de pensar no que gosta, em situações que aconteceram com você e nas suas características pessoais (não físicas). Seja criativo e reflexivo ao elaborar as frases, de modo a dificultar que as pessoas descubram o que é verdadeiro e o que é falso. Por exemplo: "Eu tenho medo de altura"; "Eu já tive um coelho de estimação"; "Eu coleciono chaveiros".

II. Depois, com o auxílio do professor, um estudante por vez vai à frente da sala para apresentar as frases elaboradas. Os participantes têm de descobrir o que é verdadeiro e o que é falso. Faça isso também com outros amigos e familiares. Será que as pessoas o conhecem bem?

III. Guarde em seu caderno essas frases e acrescente outras que possam ajudá-lo a se conhecer mais.

Oficina de projeto de vida

A conscientização e a relação com a sociedade

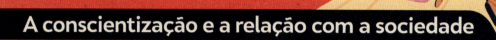

1. Ideias para pensar

A espécie humana diferencia-se das demais por inúmeros fatores, entre os quais estão a capacidade de admirar a beleza e a grandiosidade da natureza e ter consciência de sua própria existência. Como seres humanos, somos conscientes de estarmos inseridos num tempo histórico, percebendo a nós mesmos e ao mundo como uma realidade objetiva e objetivada.

Quando somos desafiados a fazer escolhas, inevitavelmente percebemos que pertencemos a uma sociedade e que vivemos em determinado contexto histórico, com possibilidades e limitações para nossos projetos. O que escolhemos ser e fazer envolve nossos sonhos e características pessoais, mas também tem relação com o modo como vemos a sociedade em que vivemos, com suas necessidades, seus desafios e suas possibilidades. Cada projeto de vida contém um projeto de sociedade que se deseja construir. É imprescindível olhar para essa realidade e perceber como nos fazemos presentes e como somos afetados por ela.

Conscientização

O processo de compreendermos a realidade em que estamos inseridos e de nos relacionarmos com ela pode ser chamado de **conscientização**. Além da consciência de estarmos no mundo e de fazer parte dele, podemos e devemos refletir a seu respeito, e saber que por ele somos afetados e que nele intervimos.

O educador Paulo Freire (1921-1997) considerava que a conscientização deve levar-nos da consciência ingênua para a consciência crítica, isto é, da simples observação dos acontecimentos sociais para a capacidade de discernir e de julgá-los, percebendo os processos sociais, políticos, econômicos e culturais que os reproduzem.

Freire dizia que os seres humanos não são seres que apenas existem no mundo, mas que estão em plena relação com ele e, dessa forma, são capazes de, tomando consciência de si e do mundo, transformar a realidade. O projeto de vida é, portanto, sempre uma ação transformadora da realidade, uma ação que nos recorda que o mundo está inacabado, em construção.

Cidadania e bem comum

A cidadania é um conceito importante quando falamos de nossa relação com a sociedade. Ela está relacionada com o acesso a um conjunto de direitos que permite que todos que pertencem a dado território possam participar da vida social. Por isso, essencialmente, associa-se às condições para que cada pessoa tenha acesso a uma vida digna e viva como parte de uma coletividade. Segundo a filósofa alemã Hannah Arendt (1906-1975), a cidadania é o direito a ter direitos, pressupondo-se igualdade entre todas as pessoas.

Assim, notamos que a cidadania faz parte da vida em sociedade e, por isso, do bem comum, uma vez que ela implica a adoção de práticas que garantem a vida pública.

2. Exercícios para colocar em prática

O mundo ideal para se viver

Leia o poema "Não há vagas", de Ferreira Gullar.

O preço do feijão
não cabe no poema.
O preço do arroz
não cabe no poema.
Não cabem no poema o gás
a luz o telefone
a sonegação
do leite
da carne
do açúcar
do pão

O funcionário público
não cabe no poema
com seu salário de fome
sua vida fechada
em arquivos.
Como não cabe no poema
o operário
que esmerila seu dia de aço
e carvão
nas oficinas escuras

– porque o poema, senhores,
está fechado:
"não há vagas"

Só cabe no poema
o homem sem estômago
a mulher de nuvens
a fruta sem preço

O poema, senhores,
não fede
nem cheira.

GULLAR, Ferreira. *Toda poesia*. São Paulo: Companhia das Letras, 2021.

I. Agora, em grupos, converse com seus colegas: o que acharam do poema? Do que ele trata?
II. Com base no poema de Ferreira Gullar, reflitam: o que não cabe numa sociedade ideal para se viver? E o que essa sociedade deveria ter?

Se eu fosse...

A conscientização da realidade em que vivemos favorece que descubramos o mundo e o papel que podemos ter como cidadãos ativos na História. Inevitavelmente, deparamo-nos com nosso papel social e com a vida em sociedade quando nos perguntamos: onde estou e o que faço aqui? Ao assumir nosso papel social, comprometemo-nos pelas transformações sociais necessárias.

Você já se perguntou sobre o que faria em determinadas posições e funções sociais? Sabe que projetar a vida é também planejar os papéis sociais que você exercerá na sociedade, não é mesmo? Então, vamos nos exercitar.

I. Em grupos, criem a descrição de uma situação problemática, com base em dados reais e/ou possíveis da realidade local, nacional ou internacional. Por exemplo: aumento nas taxas de desemprego e de inflação; crise hídrica e aumento do desmatamento; greve de professores por melhores condições de trabalho; aumento da pobreza e da desigualdade; casos de racismo ou de violência de gênero. Numa folha de papel, escrevam detalhes dessa situação problemática.
II. Em seguida, cada grupo sorteia uma situação, de modo que receba um problema criado por outro grupo.
III. Agora, nos grupos, reflitam sobre as formas de pensamento e de ação diante do problema sorteado. Cada integrante deve escolher e representar um papel social específico, formulando sua abordagem do problema de acordo com o papel escolhido, para, em seguida, apresentar ao grupo. Não há necessidade de se chegar a um consenso, mas cada um no grupo deve motivar-se a refletir sobre o problema, levando em consideração o bem comum e o perfil de sociedade ideal discutida na dinâmica anterior. Apesar de reconhecermos que os interesses das pessoas nos diferentes papéis sociais são conflitantes, o objetivo na dinâmica é destacar a noção de sociedade ideal trabalhada anteriormente.

O que eu faria se eu fosse...
- Presidente(a) da República?
- professor(a) em minha escola?
- dono(a) de uma emissora de televisão?
- influenciador(a) digital com 12 milhões de seguidores?
- funcionário(a) público(a) da área da saúde (ou outra área pertinente)?
- ministro(a) da educação (ou outra área pertinente)?
- prefeito(a) de minha cidade?
- coordenador(a) de uma organização não governamental?
- sacerdote/sacerdotisa?
- liderança na comunidade onde vivo?
- jovem universitário(a)?
- empresário(a) bem sucedido(a) e influente?

3. Passos individuais

Como pudemos perceber, somos seres de relação, inseridos em dado contexto social, cultural e histórico. Sendo assim, nossos projetos de vida também fazem parte de um exercício de cidadania que nos leva a considerar nosso papel social na realização da vida em sociedade e do bem comum. Por isso, agora, você é convidado a reservar um tempo especial para fazer exercícios individuais que o ajudem a conhecer mais profundamente sua realidade, o papel social que deseja desempenhar e seu compromisso com a transformação social. Isso vai ajudá-lo a fazer melhores escolhas para si e para os demais.

Minha realidade e eu

Comece olhando para sua realidade local, reconhecendo as características, os desafios/desvantagens e as possibilidades/vantagens.

	Características	Desafios e desvantagens	Possibilidades e vantagens
Bairro onde vivo (localização, acesso a serviços públicos, segurança, infraestrutura, etc.)			
Cidade onde vivo (qualidade de vida, acesso a serviços públicos, segurança, infraestrutura, etc.)			
Brasil (oportunidades de educação, trabalho, distribuição de renda, respeito aos direitos humanos e ao meio ambiente, etc.)			
Escola onde estudo (infraestrutura, condições de trabalho de professores, etc.)			
Condição socioeconômica familiar (considere o que, em sua realidade social, é vantajoso e o que pode ser desvantajoso, tendo em vista as desigualdades sociais, raciais e geográficas de nosso país)			

Eu, cidadão(ã)!

- Pudemos avaliar como temos vivenciado nossa cidadania, ou seja, como está nossa relação com a sociedade em que vivemos, com as práticas que garantem que tenhamos uma vida em comum.

- Agora, utilize o esquema a seguir e avalie-se. Pinte as fatias do círculo com as cores verde (satisfatório), amarelo (regular) e laranja (insatisfatório) para avaliar seu comportamento. Faça seus comentários no caderno e reflita sobre estas questões:

☐ **Meio ambiente** – Você se preocupa com seu estilo de vida e com o impacto que ele tem no meio ambiente?

☐ **Questões políticas** – Você está por dentro dos principais acontecimentos políticos em sua cidade e em seu país? Procure formar uma opinião esclarecida sobre eles.

☐ **Direitos sociais** – Você costuma engajar-se e/ou apoiar quando algum grupo social reivindica determinado direito social (como transporte, saúde, educação)?

☐ **Necessidades alheias** – Você fica sensibilizado(a) com as necessidades das pessoas a seu redor, buscando ter uma atitude solidária e empática?

☐ **Minha escola** – Você costuma participar das questões coletivas em sua escola, como resolução de problemas, proposição de melhorias e reivindicação de demandas dos estudantes?

☐ **Redes sociais** – Você acha que tem uma comunicação empática e não violenta nas redes sociais ou que contribui para práticas de *ciberbullying*, difamação e "cancelamentos"?

☐ **Direitos dos jovens** – Você se atenta aos direitos relacionados às pessoas de sua idade? Costuma apoiar quando outros jovens reivindicam algo que consideram justo?

☐ **Preconceitos** – Você busca superar os preconceitos pessoais e evitar práticas de discriminações raciais, de gênero e de sexualidade que existem em nossa sociedade, ou costuma reproduzi-las?

Descobertas e decisões

Agora, reserve um tempo para refletir sobre algumas descobertas e decisões e registrá-las, considerando seu projeto de vida e suas escolhas envolvendo sua relação com a sociedade e com seu processo de conscientização. Então, refletindo sobre as descobertas que você fez sobre si mesmo, pense no que deseja mudar e nos compromissos concretos que pode assumir para essa relação. Preencha um quadro com as seguintes colunas:

→ **Valorizo e quero potencializar em minha relação com a sociedade** (para listar cinco descobertas boas sobre seu papel social);

→ **Quero deixar de cultivar em minha relação com a sociedade** (para listar cinco traços que desejaria mudar ou melhorar em sua relação com as questões sociais);

→ **Quero realizar** (para listar cinco decisões a respeito de seu processo de conscientização, como compromissos de cunho social, ecológico, político, solidário, etc.).

79

Unidade

7 Construir o bem

O bem, uma virtude.

- O que é o **bem**? Como aplicá-lo?
- O bem está pronto ou precisa ser construído? Se ele precisa ser construído, como fazê-lo?

PARA INÍCIO DE CONVERSA

Existem pessoas boas e pessoas más? Qual é a diferença entre o bem e o mal?

O discernimento entre o bem e o mal está relacionado à capacidade de reflexão das pessoas? Se sim, estaríamos diante de situações de irreflexão, por exemplo, quando alguém fere outro por motivos religiosos, ou quando alguém prejudica outra pessoa por egoísmo ou por benefícios próprios?

Atividades

1. Leia a tirinha e reflita sobre ela.

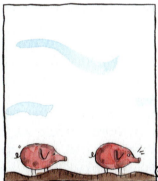

2. Como você entende a resposta final do porquinho? Por quê?

Curiosidade filosófica

A banalidade do mal

O pensamento da filósofa Hannah Arendt faz que nos questionemos sobre o que ela chamou de "banalidade do mal" (o não pensar), de forma que, em nossa experiência cotidiana, pensemos antes de realizar qualquer ação.

Será o fazer-o-mal (pecados por ação e omissão) possível não apenas na ausência de "motivos torpes" (como a lei os denomina), mas de quaisquer outros motivos, na ausência de qualquer estímulo particular ao interesse ou volição? Será que a maldade – como quer que se defina este estar "determinado a ser vilão" – não é uma condição necessária para o fazer-o-mal? Será possível que o problema do bem e do mal, o problema de nossa faculdade para distinguir o que é certo do que é errado, esteja conectado com nossa faculdade de pensar? Seria possível que as atividades do pensamento como tal – o hábito de examinar o que quer que aconteça ou chame a atenção independentemente de resultados e conteúdo específico – estivessem dentro das condições que levam os homens a se absterem de fazer o mal, ou mesmo que ela os "condicione" contra ele?

ARENDT, H. *A vida do espírito*: o pensar, o querer, o julgar. Tradução: Antonio Abranches, César A. R. de Almeida, Helena Martins. Rio de Janeiro: Relume-Dumará, 1991. p. 6.

1. Em grupos, discutam e respondam às perguntas apontadas pela filósofa no trecho.
2. Pesquisem sobre a ideia de "banalidade do mal" e apontem exemplos para explicá-la.

PRIMEIROS PASSOS

O mal está no caminho do bem?

Entre as várias acepções de **bem**, podemos destacar, na discussão aqui proposta, a que o define como **ação virtuosa**, um comportamento aprovável, e isso nos faz recordar de expressões como "uma boa ação", "uma boa pessoa", etc.

Na tradição da filosofia cristã, destaca-se Santo Agostinho, que se indagou, em sua obra *Confissões*: "Onde está, portanto, o mal? [...] Qual é a sua raiz e a sua semente? [...] Qual a sua origem, se Deus, que é bom, fez todas as coisas?" (VII, 5, n. 7. Tradução: Angelo Ricci. 4. ed. São Paulo: Nova Cultural, 1987. p. 111). Em seu livro *A cidade de Deus (contra os pagãos)*, Santo Agostinho refere-se ao mal como a "privação do bem", que, posteriormente, é confirmada por Santo Tomás de Aquino, na *Suma Teológica*: o mal significa apenas a ausência do bem.

Immanuel Kant, em sua obra *A religião dentro dos limites da simples razão*, referiu-se ao mal [radical] como o que estorva o desenvolvimento do gérmen do bem e que nos afasta, ocasionalmente, da lei moral, relacionando-o ao problema da liberdade. Por sua vez, Hans Jonas afirmou, no fim do século XX, que Deus, sendo bom, não tem condições de impedir o mal, e que somos convocados a antecipar o mal para evitá-lo.

Somos livres para eleger, e as nossas escolhas podem eleger o que é bom para nós e para os demais. No sentido religioso, quando nossas escolhas voluntárias nos distanciam do que em consciência deveríamos fazer, quando nos distanciam dos demais e de Deus, podemos dizer que pecamos. Pecar é cometer uma falta, proceder mal. A palavra **pecado** remete-nos à ideia de transgressão de preceito religioso, de falta, erro, culpa.

Se avaliamos em profundidade, percebemos que, quando "pecamos", erramos o alvo da própria vida, ou seja, erramos justamente no que elegemos para nossa realização pessoal. Diante disso, compreendemos a mensagem bíblica que diz que "os pecadores são inimigos de si mesmos" (Tb 12,10).

Fique sabendo

Após Auschwitz, em que assistimos às ações "horrendas e terríveis que os seres humanos podem fazer com os outros seres humanos", perguntamo-nos: "que Deus poderia deixar que isso acontecesse?".

JONAS, H. *O conceito de Deus após Auschwitz*: uma voz judia. Tradução: Lilian Simone Godoy Fonseca. São Paulo: Paulus, 2016. p. 19-20.

Pecar: Em hebraico, significa "errar o alvo". No Antigo Testamento, significa "cometer um erro". Assim, o erro humano pode ser corrigido.

Atividades

1. Leia uma anedota e reflita sobre ela.

   Dizem que um sábio, ao perguntar a um grupo de crianças "Se as pessoas boas no mundo fossem azuis e as pessoas más fossem verdes, de que cor vocês seriam?", recebeu a seguinte resposta de uma das crianças: "Seríamos listradinhos".

2. Agora, responda às seguintes questões:

   I. Como você avalia a resposta da criança na anedota acima, considerando as acepções de bem e mal apresentadas anteriormente?

   II. Explique como você interpreta a ideia de que, quando pecamos, erramos o alvo da própria vida, e a mensagem bíblica que diz que os pecadores são inimigos de si mesmos?

O bom como valor

A Ética adverte-nos que os atos humanos precisam ser avaliados no contexto histórico-social em que se inscrevem, além de o valor moral ter de ser atribuído considerando-se as consequências desses atos, ou seja, avaliando-se como eles afetam os demais. Os atos bons são os moralmente valiosos, pautados na bondade. A palavra bondade deriva de **bom** e, filosoficamente, é compreendida como a excelência de uma pessoa, sua inclinação a fazer o bem.

Se aproximamos essa reflexão da vida prática, percebemos que o bom implica necessariamente avaliar a relação entre os interesses pessoais e os coletivos. Essa harmonização pode ser obtida quando superamos as fronteiras dos interesses pessoais, ultrapassamos o egoísmo e buscamos conjugar nossos interesses aos dos outros. Obtém-se ainda tal harmonização entre os interesses pessoais e os coletivos quando damos significado social à determinada atividade que realizamos e com a qual afirmamos uma atitude de serviço à comunidade, aderindo a uma causa comum, transformando o bem em bem comum.

Na legenda da imagem de abertura desta unidade está escrito: "O bem, uma virtude". O filósofo espanhol Adolfo Sánchez Vázquez, em sua obra *Ética*, afirma que "a virtude supõe uma disposição estável ou uniforme de comportar-se moralmente de maneira positiva; isto é, de querer o bem" (Tradução: João Dell'Anna. 28. ed. Rio de Janeiro: Civilização Brasileira, 2006. p. 214). O autor ressalta, ainda, que um ato moral isolado, mesmo que valioso, não é suficiente para falar em virtude. É preciso observar sua prática sucessiva, isto é, como um comportamento habitual. As pessoas virtuosas estão dispostas a preferir e realizar o bem.

Fique sabendo

Os miseráveis, do escritor francês Victor Hugo (1802-1885), é um clássico literário que nos faz questionar sobre a vida, a pobreza, a desigualdade social e, ao mesmo tempo, sobre as possibilidades da bondade.

Bondade: qualidade de quem tem alma nobre e generosa, é sensível aos males do próximo e naturalmente inclinado a fazer o bem; a ação que reflete esses atributos.

Atividades

1. As odes são poemas líricos com estrofes simétricas para serem declamados ou cantados. Em duplas, pesquisem exemplos de odes para, em seguida, escolherem uma virtude e, com base nela, produzir uma ode e apresentar aos colegas declamando ou cantando. Sugestões de virtudes: fidelidade, prudência, temperança, coragem, justiça, generosidade, compaixão, misericórdia, gratidão, humildade, simplicidade, tolerância, pureza, boa-fé, amor, entre outras. Observação: as virtudes devem ser diferentes entre as duplas.

2. Após as apresentações, conversem sobre como percebem a presença dessas virtudes na vida de vocês e das pessoas em geral.

NO CAMINHO DO TEMA

Construir o bem comum

Pode-se dizer que o **bem comum** refere-se à "conquista social expressa em algo positivo de que todos podem usufruir" (*Dicionário Houaiss da Língua Portuguesa*. Rio de Janeiro: Objetiva, 2011. p. 429) e indica como exemplo que a justiça é um bem comum da coletividade. Mas como surgiu esse conceito? É o que veremos a seguir. O bem comum é um:

> [...] conceito próprio do pensamento político católico, base da doutrina social da Igreja. Do ponto de vista filosófico, os seus maiores teóricos são Tomás de Aquino e Maritain. [...] Tomás de Aquino identifica-o com a suficiência de bens materiais e com uma vida feliz e virtuosa, compartilhada por todos. [...] Maritain, que utiliza esse conceito para opor-se ao individualismo de matriz liberal e ao coletivismo de matriz marxista, identifica-o com "o bem-estar humano da multidão", afirmando que ele subentende e exige respeito aos direitos fundamentais das pessoas.
>
> ABBAGNANO, N. *Dicionário de filosofia*. Tradução e revisão: Alfredo Bosi e Ivone Benedetti. 5. ed. São Paulo: Martins Fontes, 2007. p. 124.

A Igreja Católica ensina que: "em conformidade com a natureza social do homem, o bem de cada um está necessariamente relacionado com o bem comum" (Santa Sé. *Catecismo da Igreja Católica*. Brasília: Edições CNBB, 2013, n. 1905. p. 604). O bem comum interessa à vida de todos e contempla o conjunto das condições da vida social que permita a todos o desenvolvimento integral. Para isso, comporta três elementos essenciais:

Supõe o respeito e a promoção dos direitos fundamentais da pessoa.

Exige o bem-estar social e o desenvolvimento do próprio grupo.

Envolve a paz, isto é, uma ordem justa, duradoura e segura.

Apoiada nesses elementos, a Igreja Católica destaca que a "dignidade da pessoa humana implica a procura do bem comum" (Santa Sé. *Catecismo da Igreja Católica*. Brasília: Edições CNBB, 2013, n. 1926. p. 608) e que cada pessoa deve preocupar-se em valorizar as instituições que aprimoram as condições da vida humana. Assim, cabe ao Estado defender e promover o bem comum da sociedade civil, e, no âmbito global, o bem comum de toda a família humana prescinde de uma organização da sociedade internacional.

À luz desses pressupostos, apresentamos algumas citações publicadas pelo Papa Francisco, em outubro de 2020, na Carta Encíclica *Fratelli Tutti* (FT), sobre a fraternidade e a amizade social, na qual refere-se ao bem e ao bem comum:

Existe interesse pelo bem comum? Estamos abertos ou fechados ao bem comum?

"a sociedade cada vez mais globalizada torna-nos vizinhos, mas não nos faz irmãos". (FT, 12) [...]. "É possível colocar em primeiro lugar as pessoas, o bem comum?" (FT, 108).

Os Direitos Humanos são suficientemente universais?

"Enquanto uma parte da humanidade vive na opulência, outra parte vê a própria dignidade não reconhecida, desprezada ou espezinhada e os seus direitos fundamentais ignorados ou violados. **Que diz isto a respeito da igualdade de direitos fundada na mesma dignidade humana?**" (FT, 22, destaque nosso).

Qual é sua opinião sobre a relação entre os ministros da religião e o fazer política partidária?

"[...] os ministros da religião não devem fazer política partidária, própria dos leigos, mas mesmo eles não podem renunciar à dimensão política da existência que implica uma atenção constante ao bem comum e a preocupação pelo desenvolvimento humano integral." (FT, 276).

Estamos avançando em busca da paz?

"[...] o processo de paz é um empenho que se prolonga no tempo. É um trabalho paciente de busca da verdade e da justiça, que honra a memória das vítimas e abre, passo a passo, para uma esperança comum, mais forte que a vingança." (FT, 226).

Globalização e progresso para todos?

"A tecnologia regista progressos contínuos, mas 'como seria bom se, ao aumento das inovações científicas e tecnológicas, correspondesse também uma equidade e uma inclusão social cada vez maior! Como seria bom se, enquanto descobrimos novos planetas longínquos, também descobríssemos as necessidades do irmão e da irmã que orbitam ao nosso redor!'" (FT, 31).

Fonte de pesquisa: CARTA Encíclica *Fratelli Tutti* do Santo Padre Francisco sobre a Fraternidade e a Amizade Social. Vatican – Libreria Editrice Vaticana, on-line, out. 2020. Disponível em: https://www.vatican.va/content/francesco/pt/encyclicals/documents/papa-francesco_20201003_enciclica-fratelli-tutti.html. Acesso em: 8 set. 2021. (Adaptado.)

Atividade

- Onde está o bem comum? Para que cheguem à resposta para essa pergunta, organizem, sob a orientação do professor, estações de conversa para discutirem, em grupos, cada uma das perguntas indicadas no início das citações da Carta Encíclica *Fratelli Tutti* (FT). Definam uma forma de registro para que todos os grupos tenham acesso às reflexões oriundas de cada estação de seu grupo.

INQUIETAÇÕES QUE FICAM

Café filosófico: construir o bem

Você já ouviu falar em café filosófico? O primeiro evento denominado café filosófico aconteceu, formalmente, em julho de 1992, em Paris, como uma iniciativa do filósofo francês Marc Sautet (1947-1998).

Café des Phares, 7 place de la Bastille 75011, Paris, França.

> É assim que transcorrerá a manhã no Café des Phares, numa troca incessante de argumentos mais ou menos sólidos, escorados em exemplos mais ou menos pertinentes, destinados a fundamentar tomadas de posição mais ou menos apressadas (p. 9). [...] Filosofar é, antes de mais nada, escutar. [...] Filosofar é tomar distância em relação ao que se faz e ao que se diz (p. 42-43).
>
> SAUTET, M. *Um café para Sócrates*: como a filosofia pode ajudar a compreender o mundo hoje. Tradução: Vera Ribeiro. 2. ed. Rio de Janeiro: José Olympio, 1998.

A partir de 1992, no Café des Phares, de domingo a domingo, eram trazidas questões filosóficas ao debate aberto e público entre os que se reuniam no local. Ao longo dos anos, os cafés filosóficos espalharam-se pelo mundo e chegaram ao Brasil, onde se destacou como um dos incentivadores o escritor, teatrólogo e cineasta Domingos de Oliveira (1936-2019), que produziu a peça *Cabaré filosófico*. Atualmente, os cafés filosóficos ainda acontecem em formato presencial e virtual.

Atividade

- No decorrer desta unidade, apresentamos inúmeros questionamentos e contribuições filosóficas na intenção de compreender a ideia de "construir o bem". Com base no que foi visto até aqui, organizem, agora, sob a orientação do professor, um café filosófico. Seguem algumas ações para a realização desse evento:

    I. Definir um lugar tranquilo onde possam reunir-se, preferencialmente em círculo, garantindo um espaço para projeção audiovisual.

    II. Convidar um filósofo ou uma filósofa para participar das reflexões e orientá-las.

    III. Para garantir a dinâmica do café filosófico, vocês podem dividir o evento em blocos, utilizando fragmentos de textos, animações, músicas, obras de arte, entre outros elementos que considerem oportunos, como "despertadores" das indagações que darão vida às reflexões.

    IV. Observar que as indagações devem fazer "pontes" com o itinerário realizado nesta unidade.

Para inspirar cada um de vocês a encontrar o próprio "despertador", apresentamos exemplos de "despertadores" que podem nos fazer "acordar", permitindo experimentar novas lentes para entender, sentir e agir na realidade.

O dia em que a terra parou (1977)

A música foi composta por Raul Seixas (na foto) e Cláudio Roberto com inspiração no filme de ficção científica O dia em que a terra parou (Direção: Robert Wise. Estados Unidos, 1951, 92 min). O filme conta a história de um alienígena que vem ao planeta trazer uma mensagem de paz.

As "histórias" de Annie Leonard

A ciberativista estadunidense Annie Leonard produziu uma série de animações que levam os espectadores a repensar seus estilos de vida, entre as quais se destacam: A história das coisas, A história da água engarrafada, A história dos cosméticos, A história dos eletrônicos e A história da mudança. Suas produções motivaram projetos mundiais que promoveram novas produções, como A história do plástico.

As animações de Steve Cutts

Steve Cutts é um ilustrador e animador britânico que expressa por meio de sua arte uma crítica ao modo atual de vida na sociedade, abordando temas como consumismo, destruição da natureza, a dependência tecnológica, a exploração trabalhista, a industrialização desenfreada, entre outros. Destacam-se as obras: Moby: Why Does My Heart Feel So Bad? (2021), Happiness (2017) e Man (2012).

As obras de Banksy

O artista britânico, de identidade oculta, surpreende pessoas do mundo todo com sua arte de rua, que expressa uma crítica aos acontecimentos da sociedade global, como Game changer (2020), The Whip (na foto, 2018) e Free Zehra Dogan, grafite de 2018 que homenageia a artista e jornalista turca Zehra Dogan, condenada por retratar a destruição de uma cidade turca com uma bandeira que tremulava em meio aos escombros.

Vocês gostaram da experiência do café filosófico? Que tal torná-la habitual, conforme a realidade local? Por exemplo: ciranda filosófica.

87

NA TRAVESSIA DO PROJETO DE VIDA

Nossas escolhas e nossos projetos individuais refletem os valores, as crenças e as convicções que temos. Quando fazemos escolhas, estamos empenhados em construir a melhor vida possível para nós. No entanto, é importante destacar que, ao assumirmos determinados projetos, ao tomarmos certas decisões, não impactamos apenas nossa vida, mas também a de outras pessoas e até mesmo de toda a sociedade. Sendo um bom enfermeiro, contribuo para que muitas pessoas tenham acesso a melhores atendimentos de saúde e para que muitos outros profissionais se inspirem em serem bons para seus pacientes. Sendo um bom professor, igualmente impactarei a vida de muitos estudantes. Se opto por assumir um estilo de vida mais saudável e sustentável, por exemplo, protejo a natureza e posso, ainda, influenciar outras pessoas a fazer o mesmo, pelo bem delas e pelo bem de todos.

Assim, as escolhas e os projetos pessoais têm significativo impacto social na coletividade. Além disso, é importante perceber como nossas decisões deveriam ser atravessadas por ideais que temos sobre o tipo de sociedade em que gostaríamos de viver. Dessa forma, se sonho em viver numa sociedade mais sustentável, pessoalmente vou imaginar como posso me comprometer; se sonho em viver numa sociedade menos machista, devo repensar atitudes pessoais que são baseadas em desigualdade de gênero. Nossos ideais nos comprometem.

1 Compartilhando as primeiras ideias

I. Assistam à animação *Coisas de pássaros* (direção: Ralph Eggleston), disponível em: https://www.youtube.com/watch?v=b-2b2JKp-0k. Acesso em: 24 nov. 2021.

II. Em grupos, conversem sobre a animação. O que mais chamou a atenção de vocês? Há alguma relação com o bem comum? De que modo o filme aborda a importância de relacionar interesses pessoais e interesses coletivos? O que é transmitido na animação quanto ao impacto coletivo de nossas decisões?

2 Aprofundando o olhar

A interdependência é uma característica importante para construir o bem comum e também para que possamos construir nossos projetos de vida considerando que somos afetados pelas escolhas alheias (das outras pessoas, de nossa família, dos governantes, etc.) e que afetamos outros com nossas decisões. Para ilustrar essa ideia, vamos fazer um exercício corporal de interligação.

Marcio Levyman/ID/BR

O nó humano

I. Sob a orientação do professor, organizem-se em um círculo e deem-se as mãos. Cada um deve memorizar a pessoa que está a seu lado direito e a que está a seu lado esquerdo. Em seguida, soltem as mãos e dispersem-se andando pelo espaço da sala ao som de uma música. O professor, então, dará uma pausa na música e todos devem ficar parados no centro da sala, para que, então, localizem, com o olhar, quem estava de seu lado direito e quem estava de seu lado esquerdo.

Procurem dar as mãos novamente para essas pessoas, sem sair de seu lugar. Por fim, tentem voltar ao círculo, desfazendo o nó criado.

II. No final, conversem a respeito. De que modo você se sente interligado às outras pessoas, à sociedade, ao planeta? O que nos afasta das outras pessoas, da sociedade, das outras criaturas do planeta? E o que pode nos aproximar?

Corrente do bem

I. Em grupos, listem um conjunto de pequenos gestos de delicadeza, de solidariedade e de bondade que gostariam que fossem constantes nas relações entre as pessoas, nos diferentes lugares. Considerem gestos factíveis e compatíveis para serem realizados por adolescentes e jovens. Escrevam o nome de cada gesto numa tira de papel.

II. Em seguida, cada grupo, com a ajuda do professor, deve juntar em uma caixa todas as tiras de papel com o nome de gestos.

III. No final, cada estudante deve retirar da caixa uma tira de papel e verificar o gesto indicado nela. Esse gesto deverá ser realizado por ele, em algum dia da semana, em qualquer um dos espaços que ele frequente.

Exemplos de pequenos gestos de delicadeza, de bondade e de solidariedade:

- separe roupas que você não usa mais e doe para alguém que necessite;
- converse com alguém que esteja se sentindo só;
- assuma uma tarefa doméstica em sua casa;
- ofereça ajuda a alguém que precisa;
- elogie alguém e seja gentil;
- mande mensagem para alguém com quem você não fala há muito tempo;
- cumprimente as pessoas variadas com quem se encontrar ao longo do dia.

3 Dando passos na travessia do projeto de vida

I. Nossos projetos são itinerários que nos conduzem à direção com a qual sonhamos para nossa vida, encaminhando-nos para o horizonte que desejamos para nós. Esse horizonte são os valores, o estilo de vida e as prioridades que indicam como desejamos viver. Muitas vezes nossas ações nos levam a concretizar em nosso dia a dia esse horizonte. Outras vezes, percebemos quanto somos vacilantes e como nem sempre realizamos o bem com o qual sonhamos.

II. Em um momento de reflexão, ouça a música "Germinar", de Flaira Ferro. Disponível em: https://www.youtube.com/watch?v=0Vu6THzEgJw. Acesso em: 1º out. 2021.

III. Agora, reflita sobre as seguintes questões e anote as reflexões no caderno. Quais são os valores, os comportamentos e as ações que você mais valoriza nas pessoas? Quais características você considera ideais para que uma relação entre duas ou mais pessoas seja boa? Como seria uma sociedade ideal para se viver? O que você mudaria hoje em nossa sociedade (considerando sua cidade, seu país, o mundo)? Você acha que está contribuindo para construir o bem em seu dia a dia com seus valores, comportamentos e relações? Como suas ações podem comprometê-lo a construir o bem? Você pensa nisso ao refletir sobre escolhas e projetos?

Unidade 8
Conectados

Transcender significa "ir além de, ultrapassar, transpor, atravessar, superar".

- O que significa **estar conectado**?
- Se na Terra tudo está interligado, ou seja, conectado, você sente-se conectado com tudo e com todos?
- Quais são as dimensões dessa sua conexão com o que está ao redor?

PARA INÍCIO DE CONVERSA

Conectar significa "estabelecer ou fazer conexão (entre dois ou mais elementos)", "unir", "ligar". Figuradamente, **conectar** quer dizer "ficar atento", "interessado no que se passa ao redor", e é comum o uso, com esse sentido, da expressão "estar (ou não) conectado". O uso da palavra **conectar** pode ainda ser ampliado para o conjunto de relações estabelecidas no dia a dia: conectar-se consigo mesmo, com os outros, com Deus, com o mundo.

Podemos, assim, questionar se estamos ou não conectados, com quem e com o que, e, ainda, avaliar como estão sendo feitas nossas conexões. Você já havia pensado sobre isso?

Fique sabendo

O *ollie* é uma manobra atribuída a Alan "Ollie" Gelfand, que depois foi recriada por Rodney Mullen. Consiste em bater na parte de trás do *skate*, o *tail*, até que ele toque o chão. Então, salta-se para a frente com o pé dianteiro colado à prancha de madeira do *skate*, o *shape*, dando-lhe um chute. Para realizar essa manobra, os *skatistas* precisam harmonizar a mente, o corpo e o espaço, estabelecendo uma **conexão** entre tudo isso.

Atividade

- Leia a tirinha e depois responda: Como você interpreta a resposta final da joaninha? De qual liberdade ela está falando?

Clara Gomes - Bichinhos de Jardim

Curiosidade filosófica

Nossa liberdade

O filósofo sul-coreano Byung-Chul Han provoca-nos, em suas obras, a repensar em nosso estilo de vida e em nossa liberdade em tempos de uma sociedade tecnológica e digital.

[...] a estrutura desta sociedade não é diferente do feudalismo da Idade Média. Estamos em cativeiro. Os senhores feudais digitais como o Facebook nos dão terras, dizendo: Cultive, você consegue de graça. E nós aramos, como loucos, esta terra. No final, os senhores feudais vêm e fazem a colheita. Isso é uma exploração da comunicação. Comunicamo-nos uns com os outros e sentimo-nos à vontade para fazê-lo. Os senhores feudais capitalizam esta comunicação. E os serviços secretos os estão monitorando. Este sistema é extremamente eficiente. Não há protesto porque **vivemos em um sistema que explora a liberdade**.

HAN, Byung-Chul. *"Tut mir leid, aber das sind Tatsachen"*. Entrevista concedida a Niels Boeing e Andreas Lebert. Zeit, *on-line*, n. 5, ago. 2014. Disponível em: https://www.zeit.de/zeit-wissen/2014/05/byung-chul-han-philosophie-neoliberalismus/komplettansicht. Acesso em: 4 out. 2021. (Tradução feita para este material).

- Você concorda com a frase do autor destacada em negrito? Se sim, cite exemplos.

91

PRIMEIROS PASSOS

Decidimos nossas conexões?

Seguindo o caminho de avaliar nossas conexões e com base na obra *Acepto las condiciones. Usos y abusos de las tecnologías digitales* (Aceito as condições. Usos e abusos das tecnologias digitais), de Cristóbal Cobo, propomos algumas afirmações e interrogações sobre nós no mundo das tecnologias digitais.

- Aparelhos, como o celular, adquiriram um protagonismo ou nós criamos uma dependência em relação a eles? (p. 67-68).
- É verdade que se pode interromper o contato com todos os canais digitais e serviços associados (saúde, educação, transporte, divertimento), mas o custo seria muito alto (p. 54).
- Se a atenção é distribuída, ela também é diluída. Se partimos do princípio de que a informação consome atenção, podemos concluir que o excesso de informação se traduz em escassez de atenção (p. 64-70).
- A atenção é um recurso muito desejado. Na internet, todos querem atrair sua atenção, pois acumular a atenção é uma forma de poder. Quem ganha e quem perde com a concentração dessa forma de poder? (p. 83-88).
- Por que cedemos tantos privilégios às empresas de serviços digitais para que tenham o controle de nossa vida privada? (p. 104).
- No plano institucional e político, quem observa os que nos observam? (p. 111). Pessoas *versus* máquinas: quem vigia os algoritmos? (p. 125).
- Quais são as "novas" formas de poder e de controle na era digital e de que maneira elas geram novas periferias (formas de exclusão) na sociedade? (p. 133).

Cobo, Cristóbal. *Acepto las condiciones.* Usos y abusos de las tecnologías digitales. 1. ed. Madrid: Santillana, 2019. (Tradução e adaptação do autor para fins didáticos).

Pawel Kuczynski, artista polonês.

A metáfora é uma linguagem universal. Às vezes uma boa metáfora consegue explicar uma ideia melhor que mil palavras. Tento transmitir o que penso sem palavras. É muito difícil mas dá-me grande prazer quando as pessoas interpretam o meu trabalho. Sou também um observador. Gosto de observar as pessoas e as relações que estabelecem entre si. Vivemos há tanto tempo juntos neste mundo e mesmo assim cometemos os mesmos erros: guerra, pobreza, divisões raciais, ecologia, dinheiro – estes são os temas que gosto porque são tão imortais como a arte.

O sarcasmo e a ironia amarga na crítica social do ilustrador e grafista polonês Pawel Kuczynski. *Revista Prosa, Verso e Arte*, on-line. Disponível em: https://www.revistaprosaversoearte.com/o-sarcasmo-e-a-ironia-amarga-na-critica-social-do-ilustrador-e-grafista-polones-pawel-kuczynski/. Acesso em: 5 out. 2021.

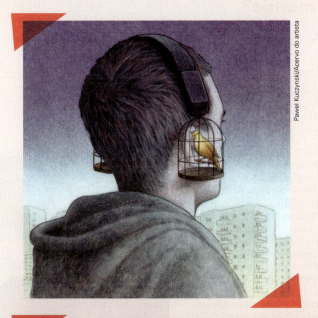
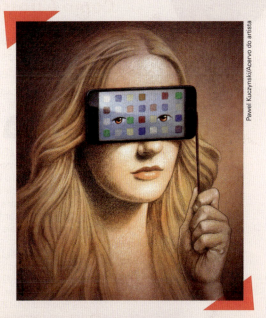

Ilustrações do artista Pawel Kuczynski.

Atividades

1. Observe a reprodução de algumas das obras do artista Pawel Kuczynski e questione-se sobre os seguintes pontos: O que elas me dizem? Como as vejo? Como me vejo diante delas? Posteriormente, compartilhe as respostas com seus colegas.

2. Pesquise outras obras de Pawel e selecione uma que mais chamou sua atenção. Em seguida, com seus colegas, organizem uma roda e apresentem as obras que escolheram, destacando a crítica social e o que elas provocaram em vocês.

3. Em grupos, distribuam as afirmações e os questionamentos formulados com base na obra de Cristóbal Cobo, apresentados na página 92. Cada grupo deverá discutir o questionamento ou a afirmação, pesquisar sobre o assunto respectivo e apresentar as descobertas obtidas para os outros grupos.

NO CAMINHO DO TEMA

Como é nosso mundo?

Se você tivesse de comparar nosso estilo de vida ou o modo como nos relacionamos ou nos comunicamos, ou seja, a maneira como vivemos no mundo, com um dos estados da matéria (sólido, líquido, gasoso, plasma, condensado), qual você escolheria? Por quê?

Fique sabendo

Zygmunt Bauman (1925-2017) foi um sociólogo polonês que ficou conhecido por ter criado a expressão "Mundo líquido" para analisar criticamente a sociedade contemporânea. À luz dessa metáfora, ele refletiu sobre diversos temas que se tornaram títulos de suas inúmeras obras, entre as quais citamos: *Vida líquida* (2005), *Amor líquido*: sobre a fragilidade dos laços humanos (2003), *Tempos líquidos* (2007), *Modernidade líquida* (1999), *Medo líquido* (2006), *Vigilância líquida* (2013), *Mal líquido*: Vivendo num mundo sem alternativas (2013), *Nascidos em tempos líquidos* (2018), sendo estes três últimos escritos em parceria com outros autores.

Zygmunt Bauman.

Atividade

- Leia a história em quadrinhos e imagine-se dentro dela. Qual seria sua posição sobre o conceito de amizade?

Ser leve e líquido: **fluidez** e **liquidez** como metáforas

Zygmunt Bauman buscou captar a natureza de sua época usando as palavras **fluidez** e **liquidez**. Leia trechos de uma das cartas escritas pelo sociólogo.

> O mundo que chamo de "líquido" porque, como todos os líquidos, ele jamais se imobiliza nem conserva sua forma por muito tempo. Tudo ou quase tudo em nosso mundo está sempre em mudança: as modas que seguimos e os objetos que despertam nossa atenção [...]; as coisas que sonhamos e que tememos, aquelas que desejamos e odiamos, as que nos enchem de esperanças e as que nos enchem de aflição.
>
> As circunstâncias que nos cercam [...] também estão sempre mudando. Oportunidades de alegria e ameaças de novos sofrimentos fluem ou flutuam no ar, [...] que não conseguimos tomar uma providência sensata e eficaz para direcioná-las ou redirecioná-las, para conservá-las ou interceptá-las.
>
> Para resumir a história: esse mundo, nosso mundo líquido moderno, sempre nos surpreende; o que hoje parece correto e apropriado amanhã pode muito bem se tornar fútil, fantasioso ou lamentavelmente equivocado. Suspeitamos que isso possa acontecer e pensamos que, tal como o mundo, que é nosso lar, [...] todos precisam ser, como diz a palavra da moda, "flexíveis". Por isso, ansiamos por mais informações sobre o que ocorre e o que poderá ocorrer. Felizmente, dispomos hoje de algo que nossos pais nunca puderam imaginar: a internet e a web mundial [...].
>
> Felizmente? Bem, talvez nem tanto, pois o pesadelo da informação insuficiente que fez nossos pais sofrerem foi substituído pelo pesadelo ainda mais terrível da enxurrada de informações que ameaça nos afogar [...]. Como filtrar as notícias que importam no meio de tanto lixo inútil e irrelevante? **Como captar as mensagens significativas entre o alarido sem nexo?** Na balbúrdia de opiniões e sugestões contraditórias, parece que nos falta uma máquina de debulhar para separar o joio do trigo na montanha de mentiras, ilusões, refugo e lixo. [...]
>
> BAUMAN, Z. *44 cartas do mundo líquido moderno*. Rio de Janeiro: Zahar, 2011. p. 6 (destaque nosso).

Fique sabendo

Na música "Metáfora", de Gilberto Gil (Disponível em: https://www.youtube.com/watch?v=58sW0ojthyI. Acesso em: 12 nov. 2021), ele expressa, de forma criativa e profunda, o sentido da palavra **metáfora**.

O **amor líquido** é "A misteriosa fragilidade dos vínculos humanos, o sentimento de insegurança que ela inspira e os desejos conflitantes (estimulados por tal sentimento) de apertar os laços e ao mesmo tempo mantê-los frouxos". (BAUMAN, Z. *Amor líquido*: sobre a fragilidade dos laços humanos. Tradução: Carlos Alberto Medeiros. 1. ed. Rio de Janeiro: Zahar, 2003. p. 8.)

Atividade

- Em rodas de conversa, dialoguem sobre a pergunta proposta por Bauman: "Como captar as mensagens significativas entre o alarido sem nexo?".

INQUIETAÇÕES QUE FICAM

O mundo que habitamos e construímos

Habitamos uma "casa comum" que é a Terra. A casa onde moramos com nossos familiares, além de abrigar-nos e proteger-nos, também destina-se à realização de encontros, é o lugar onde compartilhamos nossa vida com a vida de outras pessoas.

Figuradamente, habitar, morar significa "estar presente", "permanecer". Para isso, precisamos construir e fortalecer vínculos, ou seja, precisamos conectarmo-nos! Talvez o caminho para essa conexão possa ser simbolizado por algumas atitudes, como: sermos abertos e acolhedores; aproximarmo-nos e encontrarmo-nos para dialogar e aprender a viver juntos; sentirmo-nos irmãos e irmãs das pessoas e da natureza; sermos solidários com a atual e com as futuras gerações.

Na abertura desta unidade relacionamos a imagem apresentada ao conceito de **transcender**, por transmitir a ideia de "ultrapassar". Assim, deixamos aqui um convite para você buscar ultrapassar fronteiras a fim de ir sempre ao encontro do outro.

Para ampliar a compreensão sobre o sentido dessa busca, sugerimos a leitura do trecho a seguir, do sacerdote jesuíta Francys Silvestrini Adão:

> A palavra transcendência traz consigo a ideia de ultrapassar, ir além. Ela está intimamente ligada a outra noção: alteridade. Tudo o que é "outro" nos transcende, vai além de nós. A **busca do transcendente** remete, assim, a uma busca do diferente, do novo, que provoca no mundo uma experiência de superação dos limites, uma elevação do estado atual das coisas e uma expansão dos níveis do conhecimento e das relações. Sendo assim, a transcendência se manifesta em quatro níveis distintos e articulados entre si: a autotranscendência; a transcendência inter-humana; a transcendência da Criação; e a Transcendência fundante e absoluta de Deus.
>
> ADÃO, F. S. A busca do transcendente. In: CONTRERAS, H.; DE PAULA, J.; CHESINI, C. (orgs.). *Dicionário do Pacto Educativo Global – Diccionario del Pacto Educativo Global*. Brasília: ANEC, 2021. p. 38.

Atividade

- Apresentamos, a seguir, os níveis aos quais Francys Silvestrini Adão se refere. Analise e responda às questões.

    I. Como você percebe, hoje, esses níveis em sua vida?
    II. O que podemos fazer para ampliar esses limites em nossa vida para ir além?
    III. Converse com seus colegas e com o professor sobre suas respostas.

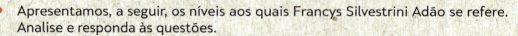

Autotranscendência	Transcendência inter-humana	Transcendência da Criação	Transcendência fundante e absoluta de Deus
A descoberta de uma alteridade interna a nós mesmos e a capacidade humana de constante autotransformação.	O respeito e o interesse pela alteridade de outras pessoas e outros grupos humanos.	A descoberta de uma relação mais contemplativa, não utilitária e não instrumental com o conjunto dos seres existentes.	A abertura de fé ao mistério amoroso e pessoal que está no fundamento do mundo e de todas as outras experiências de transcendência.

Recordar o caminho

Neste ano, ora seguimos sozinhos, ora seguimos juntos.

Ilustrações: Catarina Bessell/ID/BR

Atividades

1. O que mais chamou sua atenção no estudo de cada unidade? Quais inquietações permaneceram em você?

2. Liste o que chamou sua atenção e essas inquietações. Se preferir, folheie o livro desde o início para trazer à memória o caminho percorrido, o ano vivido.

3. Agora, sugerimos o seguinte:

    I. Imagine que você fará uma grande viagem e talvez não consiga reunir-se novamente com as pessoas que estiveram e compartilharam com você este ano. Então, você vai gravar um vídeo para deixar-lhes de recordação. Você vai contar como foi o percurso deste ano, vai falar das marcas que ficaram, dos temas que chamaram sua atenção e dos momentos marcantes que viveu na companhia deles, ao realizar as diversas atividades, ao partilhar experiências, ao fazer reflexões, etc.

    II. Antes de gravar o vídeo, sugerimos que, juntos, definam os critérios de duração, o estilo e outras características que considerem importantes.

    III. Finalmente, organizem, com o apoio do professor, um momento para compartilhar as produções e juntos assistirem aos vídeos de todos.

Olá!
Vocês já sabem quem eu sou, mas, mesmo assim, vou dizer meu nome: Letícia.

Para mim, este ano foi bem especial. Eu não imaginei que as aulas seriam assim. As atividades dinâmicas e divertidas fizeram-me pensar sobre minha vida.

Conhecer a filosofia do Bem viver foi muito legal, e até já estou implementando algumas ações em minha forma de viver. Minha família também entrou na onda!!

Além disso, as atividades do **Projeto de vida** foram geniais! Olhar para mim, para meus sonhos, para as relações com os outros... tudo isso foi muito bom!

E na companhia de vocês e do professor foi melhor ainda...
Obrigada da Lê!

NA TRAVESSIA DO PROJETO DE VIDA

Nesta unidade, aprendemos sobre o significado de estabelecer conexões. Na era da conexão, por redes e por plataformas digitais diversas, os sentidos de estar conectado precisam ser restabelecidos. O que significa estar conectado?

1 Compartilhando as primeiras ideias

Os nativos digitais são as gerações de jovens nascidos a partir dos anos 1990, que têm como marca a familiarização com a hiperconectividade, as tecnologias digitais e as novas formas de sociabilidade e aprendizado que daí decorrem. O ciberespaço contribuiu para a emergência de novas formas de estar no mundo, de se relacionar, de se organizar, que caracterizam, sobretudo, os jovens contemporâneos.

- Assista à animação de Steve Cutts "Escravos da tecnoogia", disponível em: https://www.youtube.com/watch?v=TbdV9tq0wEU. Acesso em 30 nov. 2021. Em seguida, reflita com seus colegas sobre os impactos da era de hiperconectividade na vida dos jovens e em seus projetos de vida.

2 Aprofundando o olhar

Somos seres de relação e somos seres interdependentes, quanto aos outros e quanto ao planeta. Hoje, num mundo conectado pelas redes sociais digitais, as formas de relacionamento ganham novos sentidos e requerem novos padrões éticos, para que não nos afastemos de nossa humanidade e da humanidade dos outros, de nossos interlocutores.

I. Leia a tirinha e reflita: qual é a qualidade da relação que estabelecemos com os outros nos espaços digitais? E na interação face a face?

II. Com seus colegas, crie um projeto de rede social. Quais deveriam ser as regras éticas para participar? O que deveria unir e o que poderia separar as pessoas? Quais conteúdos e comportamentos seriam aceitáveis? Algum conteúdo ou comportamento deveria ser recusado? Se sim, qual ou quais?

III. Conversem: como essas regras para o projeto de rede social poderiam ser vivenciadas em suas próprias relações face a face?

3 Dando passos na travessia do projeto de vida

I. Nossos projetos são compostos de muitas decisões a respeito de variados aspectos de nossa vida. Um desses aspectos tem que ver com as relações que estabelecemos conosco, com os outros e com o planeta.

II. Identifique os padrões em seu modo de relacionamento consigo e com os demais, com o objetivo de superar traços de violência e de construir uma comunicação autêntica e honesta consigo e empática com as outras pessoas. Para isso, responda ao questionário da próxima página e depois, converse com os colegas sobre a experiência realizada.

EM RELAÇÃO A VOCÊ:

Não ouvir suas necessidades:
☐ sempre ☐ geralmente ☐ às vezes ☐ raramente ☐ nunca

Não perceber suas emoções:
☐ sempre ☐ geralmente ☐ às vezes ☐ raramente ☐ nunca

Não considerar seus sentimentos:
☐ sempre ☐ geralmente ☐ às vezes ☐ raramente ☐ nunca

Julgar-se (não tenho paciência!) e desvalorizar-se (não sou bom!):
☐ sempre ☐ geralmente ☐ às vezes ☐ raramente ☐ nunca

Culpar-se (a culpa pelo que aconteceu é minha):
☐ sempre ☐ geralmente ☐ às vezes ☐ raramente ☐ nunca

Não partilhar suas alegrias, tristezas e medos:
☐ sempre ☐ geralmente ☐ às vezes ☐ raramente ☐ nunca

Engolir suas palavras (para que falar, se ninguém se interessa pelo que eu digo...):
☐ sempre ☐ geralmente ☐ às vezes ☐ raramente ☐ nunca

Comparar-se com os outros:
☐ sempre ☐ geralmente ☐ às vezes ☐ raramente ☐ nunca

Negar sua responsabilidade (o problema é de tal pessoa, não meu):
☐ sempre ☐ geralmente ☐ às vezes ☐ raramente ☐ nunca

Sempre dizer "sim":
☐ sempre ☐ geralmente ☐ às vezes ☐ raramente ☐ nunca

EM RELAÇÃO AOS OUTROS:

Julgar e criticar:
☐ sempre ☐ geralmente ☐ às vezes ☐ raramente ☐ nunca

Comparar (tal pessoa trabalha melhor do que você):
☐ sempre ☐ geralmente ☐ às vezes ☐ raramente ☐ nunca

Diagnosticar (você vai fracassar):
☐ sempre ☐ geralmente ☐ às vezes ☐ raramente ☐ nunca

Interpretar (se não me cumprimentou é porque não gosta de mim):
☐ sempre ☐ geralmente ☐ às vezes ☐ raramente ☐ nunca

Generalizar (os idosos são impacientes):
☐ sempre ☐ geralmente ☐ às vezes ☐ raramente ☐ nunca

Alimentar ideias preestabelecidas (os políticos são aproveitadores):
☐ sempre ☐ geralmente ☐ às vezes ☐ raramente ☐ nunca

Alimentar pensamentos binários (bom ou mau; verdadeiro ou falso; meu amigo ou meu inimigo...):
☐ sempre ☐ geralmente ☐ às vezes ☐ raramente ☐ nunca

Exigir e ameaçar (se não for assim, não participo do trabalho...):
☐ sempre ☐ geralmente ☐ às vezes ☐ raramente ☐ nunca

Dar conselhos não solicitados (emagreça, mude de emprego...):
☐ sempre ☐ geralmente ☐ às vezes ☐ raramente ☐ nunca

De acordo com suas respostas, você considera que tem praticado violência relacional contra você mesmo e com os outros?
Com você: ☐ sim ☐ não   Com os outros: ☐ sim ☐ não

Fonte de pesquisa: STAPPEN, Anne Van. *Caderno de exercícios de comunicação não violenta*. Petrópolis: Vozes, 2020.

Oficina de projeto de vida

Os valores e a minha relação com o transcendente

1. Ideias para pensar

O ser humano é uma espécie capaz de tomar consciência de sua própria existência, o que o faz perguntar a si mesmo quem é, de onde veio, para onde vai, sobre o porquê da vida, entre outros questionamentos, colocando-o em uma atitude de busca constante de um sentido para o viver. Para essas questões, muitas respostas foram formuladas ao longo da História da humanidade. A Filosofia, as ciências e as religiões construíram visões variadas sobre o propósito da existência humana e sobre os modos de vida mais justos, belos e felizes.

A travessia do projeto de vida é justamente um itinerário de descoberta existencial. Assim, independentemente de nossas crenças religiosas e ideologias políticas, o desafio principal é descobrir em que acreditamos e os valores que são fundamentais para nós. Em uma perspectiva ética ou religiosa, todos nós nos relacionamos com crenças e com algo que nos transcende, com base no qual podemos nos situar no mundo.

Na concepção cristã e em outras tradições religiosas monoteístas, essa ligação com o transcendente é uma relação com Deus, que irá fornecer parâmetros para as relações interpessoais, com a Criação e com a vida.

Imanência e transcendência

A pessoa humana realiza-se projetando-se, realizando suas possibilidades, não estando apenas limitada a sua realidade imanente, mas também com um desejo de infinitude, de significado e de abertura ao transcendente.

A imanência é intrínseca à natureza humana como realidade concreta, captada pelos sentidos. Já a transcendência é também uma dimensão intrínseca ao ser humano, mas não limitada à dimensão física da realidade. Podemos entender a transcendência como um sentimento que se tem de fazer parte de algo maior do que si mesmo, superando os próprios limites, indo além do que parece possível. Tanto a imanência quanto a transcendência fazem parte do ser humano.

Interdependência e ética

Nossa abertura ao transcendente e aos outros revela-nos sempre que não estamos sós no mundo, mas que nossa vida se realiza de forma relacional, em interdependência com algo que está fora de nós. Assim, somos estimulados a viver relacionando-nos com toda a realidade que nos transcende.

A interdependência decorre da dimensão relacional da vida humana e significa que a ação de cada pessoa afeta a todos e ao planeta de forma significativa, positiva ou negativamente. Por essa consciência de nossa dimensão relacional e interdependente, somos interpelados a estabelecer uma relação de fraternidade com as demais pessoas – que são iguais em dignidade –, de cuidado com a Casa comum e de respeito e abertura com o transcendente.

A relação impõe limites éticos para nossa ação: não se pode fazer algo sem considerar a influência que tal ação tem na vida de outros e do planeta, de forma geral.

Nesse imperativo do convívio humano, apresentam-se muitas questões de natureza ética que nos levam a estabelecer e reafirmar nossos valores e nossas crenças. Esses valores e essas crenças podem ter origem em nossa fé em um Deus ou em padrões éticos e morais herdados de nossa família ou de nossa cultura. O fato, no entanto, é que eles nos transcendem.

2. Exercícios para colocar em prática

Um mundo cheio de deuses...

O sociólogo alemão Max Weber (1864-1920) escreveu que o processo de racionalização promovido pela ciência e pelo capitalismo levou ao que ele chamou de "desencantamento do mundo", o que significa que, enquanto nossos antepassados viviam em um mundo marcado pela forte crença na influência de deuses e demônios e por sua capacidade de intervenção no mundo imanente, nós vivemos em um mundo marcado pela racionalidade. No entanto, é um mundo racional e moderno, mas também desencantado, que acaba produzindo seus próprios deuses e mitos aos quais passamos a idolatrar.

I. Em grupos, conversem: considerando a realidade de nossas sociedades contemporâneas, quais elementos vocês acreditam que muitas pessoas idolatram e cultuam como se fossem deuses? Quais consequências o culto a esses elementos tem para a relação de interdependência entre os seres humanos e o planeta?

II. Escolham uma música ou uma imagem que represente um pouco dessa discussão para compartilhar com a turma.

Uma linguagem de valores

Os símbolos *adinkra* são um sistema de escrita, parte de uma tradição dos povos acã da África ocidental. Eles representam ideias presentes em provérbios, expressando uma visão de mundo, com valores, ensinamentos e crenças.

I. Em grupos, pesquisem sobre os símbolos *adinkra* e seus significados. O que eles nos ajudam a entender sobre os povos que os criaram?

II. Agora, nos mesmos grupos, criem em um cartaz um sistema com um conjunto de símbolos que expressem valores e crenças de nossa sociedade atual. Vocês podem usar imagens cotidianas, encontradas em jornais e revistas, que façam parte de nossa cultura, ou inventar novos símbolos.

III. Apresentem para toda a turma o cartaz com os símbolos e conversem: como vocês percebem e vivem tais valores e crenças? Há contravalores que fazem frente a esses valores e a essas crenças? De que modo eles se manifestam?

3. Passos individuais

Como pudemos perceber, somos seres imanentes e transcendentes, chamados a realizar um sentido para a vida e com um grande desejo de infinitude. Em nossos projetos de vida, somos também guiados por esses desejos, por essa relação com o transcendente, seja qual for o sentido que ele tem para nós, de acordo com nossas crenças pessoais.

Agora, procure reservar um tempo especial para fazer exercícios individuais que o ajudem a refletir mais profundamente sobre quem é Deus para você, em que você acredita e quais valores cultiva. Isso vai ajudá-lo a tomar melhores escolhas para si e para os demais.

Meu Deus

Leia o poema "O Deus de cada homem", de Carlos Drummond de Andrade (1902-1987).

O Deus de cada homem

Quando digo "meu Deus", afirmo a propriedade.
Há mil deuses pessoais
em nichos da cidade.

Quando digo "meu Deus",
crio cumplicidade.
Mais fraco, sou mais forte
do que a desirmandade.

Quando digo "meu Deus",
grito minha orfandade.
O rei que me ofereço
rouba-me a liberdade.

Quando digo "meu Deus",
choro minha ansiedade.
Não sei que fazer dele
na microeternidade.

ANDRADE, Carlos Drummond de. *Nova reunião*: 23 livros de poesia. São Paulo: Companhia das Letras, 2015. p. 424.

> Quando você diz "Meu Deus", está referindo-se a qual Deus ou a qual ideia? Como essa experiência ou ideia de Deus o ajuda a viver no mundo? Quem é Deus para você e como Ele é? Escreva suas respostas no caderno.

Minhas utopias ou minha ideia de paraíso

Na travessia do projeto de vida, somos inspirados por uma ideia de realização plena da vida, que não se restringe ao que fazemos. Ao tratar de nossa relação com o transcendente, espera-se que percebamos nosso desejo de significado, de sentido e de infinitude, que nos move como ser humano. Essa relação com o transcendente pode traduzir-se em uma relação com Deus de acordo com nossa fé, com alguma construção mítica, com a ética por nós cultivada ou pela utopia (uma vida e uma sociedade imaginárias) que nos move em direção a um horizonte de valores. É nossa ideia de paraíso.

De qualquer forma, nós geralmente cultivamos essa ideia de uma felicidade completa, de uma vida ideal e harmônica.

Leia, a seguir, o trecho de um poema do escritor uruguaio Eduardo Galeano (1940-2015).

O direito ao delírio

Que tal se delirarmos por um tempinho
Que tal fixarmos nossos olhos mais além da infâmia
Para imaginar outro mundo possível?

O ar estará mais limpo de todo o veneno que
Não provenha dos medos humanos e das humanas paixões.

Nas ruas, os carros serão esmagados pelos cães.
As pessoas não serão dirigidas pelos carros
Nem serão programadas pelo computador.

Nem serão compradas pelos supermercados

Nem serão assistidas pela TV,
A TV deixará de ser o membro mais importante da família,
Será tratada como um ferro de passar roupa
Ou uma máquina de lavar.

Será incorporado aos códigos penais
O crime da estupidez para aqueles que a cometem

Por viver só para ter o que ganhar
Ao invés de viver simplesmente
Como canta o pássaro sem saber que canta

102

E como brinca a criança sem saber que brinca.

Em nenhum país serão presos os jovens
Que se recusem ao serviço militar
Senão aqueles que queiram servi-lo.

Ninguém viverá para trabalhar.
Mas todos trabalharemos para viver.
Os economistas não chamarão mais
De nível de vida o nível de consumo
E nem chamarão a qualidade de vida
A quantidade de coisas.

Os cozinheiros não mais acreditarão que
    as lagostas gostam de ser fervidas vivas.
Os historiadores não acreditarão que os
    países adoram ser invadidos.
Os políticos não acreditarão que os pobres
Se encantam em comer promessas.

A solenidade deixará de acreditar que é
    uma virtude,
E ninguém, ninguém levará a sério alguém
    que não seja capaz de rir de si mesmo.
A morte e o dinheiro perderão seus mágicos
    poderes

E nem por falecimento e nem por fortuna
Se tornará o canalha em virtuoso cavalheiro.

A comida não será uma mercadoria
Nem a comunicação um negócio
Porque a comida e a comunicação são
    direitos humanos.

Ninguém morrerá de fome
Porque ninguém morrerá de indigestão.
As crianças de rua não serão tratadas
    como se fossem lixo
Porque não existirão crianças de rua.
As crianças ricas não serão como se
    fossem dinheiro
Porque não haverá crianças ricas.

A educação não será privilégio daqueles
    que podem pagá-la
E a polícia não será a maldição daqueles
    que podem comprá-la
A justiça e a liberdade, irmãs siamesas
Condenadas a viver separadas
Voltarão a juntar-se, bem agarradinhas,
Costas com costas.

[...]

A Santa Madre Igreja corrigirá
Algumas erratas das Tábuas de Moisés,
E o sexto mandamento mandará festejar
    o corpo.
A Igreja ditará outro mandamento que
    Deus havia esquecido:
"Amarás a natureza, da qual fazes parte"

[...]

GALEANO, Eduardo. *De pernas pro ar*.
Rio Grande do Sul: L&PM Pocket, 1998.

Agora, pensando em seu projeto de vida e em suas crenças, escreva sua própria declaração utópica, como se desenhasse um horizonte para o qual deveria caminhar ao longo da vida.

Descobertas e decisões

Reserve um tempo para refletir sobre algumas descobertas e decisões, e registrá-las considerando seu projeto de vida e suas escolhas envolvendo sua relação com os valores e com o transcendente. Dessa forma, refletindo nas descobertas que você fez sobre si mesmo, pense em tudo o que deseja mudar e nos compromissos concretos que pode assumir para essa relação. Preencha um quadro com as seguintes colunas:

→ **Valorizo e quero potencializar em minha relação com o transcendente** (para listar cinco descobertas boas sobre sua fé, suas crenças e seus valores);

→ **Quero deixar de cultivar em minha relação com o transcendente e com os valores** (para listar cinco traços que desejaria revisar em relação aos valores que tem priorizado e aos "deuses" que tem cultuado);

→ **Quero realizar** (para listar cinco decisões em relação a valores e crenças que deseja cultivar como parte de sua vida).

Bibliografia

ABBAGNANO, N. *Dicionário de filosofia*. Tradução: Alfredo Bosi e Ivone Benedetti. 5. ed. São Paulo: Martins Fontes, 2007.

ACOSTA, A. *O bem viver*: uma oportunidade para imaginar outros mundos. Tradução: Tadeu Breda. São Paulo: Autonomia Literária, Elefante, 2016.

AHUMADA, E. *Teología de la educación*. Santiago: LOM, 2003.

ARENDT, H. *A vida do espírito*: o pensar, o querer, o julgar. Tradução: Antonio Abranches; César A. R. de Almeida; Helena Martins. Rio de Janeiro: Relume-Dumará, 1991.

ARISTÓTELES. *Metafísica*. 1. ed. Tradução: Vincenzo Cocco. São Paulo: Abril, 1973.

BAUMAN, Z. *Modernidade líquida*. 1. ed. Tradução: Plínio Dentzien. Rio de Janeiro: Zahar, 2021.

_____. *44 cartas do mundo líquido moderno*. Rio de Janeiro: Zahar, 2011.

BRASIL. Ministério da Educação. Secretaria da Educação Básica. *Base nacional comum curricular*: educação é a base. Brasília: MEC/SEB, 2017. Disponível em: <http://basenacionalcomum.mec.gov.br/>. Acesso em: 1º nov. 2021.

CAPRA, F. *A teia da vida*: uma nova compreensão científica dos sistemas vivos. 14. ed. Tradução: Newton Roberval Eichemberg. São Paulo: Cultrix, 1997.

CIAMPA, A. Identidade. In: LANE, S.; CODO, W. (orgs.). *Psicologia social*: o homem em movimento. 8. ed. São Paulo: Brasiliense, 1989.

CÍCERO, M. *Discussões Tusculanas* [on-line]. Tradução: Bruno Fregni Bassetto. Uberlândia: EDUFU, 2014.

COBO, C. *Acepto las condiciones*. Usos y abusos de las tecnologías digitales. 1. ed. Madrid: Santillana, 2019.

CONTRERAS, H.; DE PAULA, J.; CHESINI, C. (orgs.). *Dicionário do Pacto Educativo Global – Diccionario del Pacto Educativo Global*. Brasília: ANEC, 2021.

CUNHA, A. *Dicionário etimológico da língua portuguesa*. Rio de Janeiro: Lexikon Editora Digital, 2007.

DURAU, J.; CORREIA, V. *Projeto de vida para jovens*: um itinerário metodológico de esperança. 1. ed. São Paulo: Loyola, 2020.

ELIADE, M. *Mefistófeles e o andrógino*: comportamentos e valores espirituais não-europeus. Tradução: Ivone Castilho Benedetti. 2. ed. São Paulo: Martins Fontes, 1999.

_____. *O sagrado e o profano*. Tradução: Rogério Fernandes. São Paulo: Martins Fontes, 1992.

FREIRE, P. *Conscientização*. Tradução: Tiago José Risi Leme. São Paulo: Cortez, 2016.

GRESCHAT, H. *O que é ciência da religião?* Tradução: Frank Usarski. São Paulo: Paulinas, 2005.

HONNETH, A. *Luta por reconhecimento*: a gramática moral dos conflitos sociais. Tradução: Luiz Repa. São Paulo: Ed. 34, 2003.

HOUAISS, A. *Dicionário Houaiss de língua portuguesa*. Rio de Janeiro: Objetiva, 2011.

JORGE, J. S. *Cultura religiosa*: o homem e o fenômeno religioso. 2. ed. São Paulo: Loyola, 1998.

KRENAK, A. *A vida não é útil*. São Paulo: Companhia das Letras, 2020.

LEVINAS, E. *Ética e infinito*. Lisboa: Edições 70, 1982.

MAMANI, F. *Buen Vivir / Vivir Bien*. Filosofía, políticas, estrategias y experiencias regionales andinas. 1. ed. Lima, Perú. 2010.

MORIN, E. *A cabeça bem-feita*: repensar a reforma, reformar o pensamento. 8. ed. Tradução: Eloá Jacobina. Rio de Janeiro: Bertrand Brasil, 2003.

NISHITANI, K. *La religión y la nada*. Tradução: Raquel Bouso García. Madrid: Siruelas, 1999.

OLIVEIRA, L. et al. *Ensino religioso*: fundamentos e métodos. São Paulo: Cortez, 2007.

OTTO, R. *O sagrado*: os aspectos irracionais na noção do divino e sua relação com o racional. Tradução: Walter O. Schlupp. São Leopoldo: Sinodal/EST; Petrópolis: Vozes, 2007.

PAGOLA, J. *Jesús, aproximaxión histórica*. 3. ed. Madrid: PPC, 2007.

PAPA FRANCISCO. *Carta encíclica Fratelli Tutti – sobre a fraternidade e a amizade social*. Libreria Editrice Vaticana, 2020. Disponível em: <https://www.vatican.va/content/francesco/pt/encyclicals/documents/papa-francesco_20201003_enciclica-fratelli-tutti.html>. Acesso em: 1º nov. 2021.

_____. *Carta encíclica Laudato Si' – sobre o cuidado da casa comum*. São Paulo: Paulinas, 2015.

_____. *Exortação Apostólica pós-sinodal Querida Amazônia*. Brasília: Edições CNBB, 2020.

PRANDI, R. *Contos e lendas afro-brasileiros*: a criação do mundo. São Paulo: Companhia das Letras, 2007.

ROSSI, D.; CONTRERAS, H. *As ciências da religião e o ensino religioso*: aproximações. Curitiba: InterSaberes, 2021.

SANTA SÉ. *Catecismo da Igreja Católica*. Brasília: Edições CNBB, 2013.

STAPPEN, A. *Caderno de exercícios de comunicação não violenta*. Petrópolis: Vozes, 2020.

VÁZQUEZ, A. *Ética*. Tradução: João Dell'Anna. 28. ed. Rio de Janeiro: Civilização Brasileira, 2006.

WEBER, M. A ciência como vocação: In: *Ensaios de sociologia*. 5. ed. Rio de Janeiro: Zahar, 1982.